세상이 한눈에 보이는 비행기 관찰 도감

어린이 비행기 대백과

손봉희 지음
구연산 그림

바이킹

이 책을 읽는 여러분께

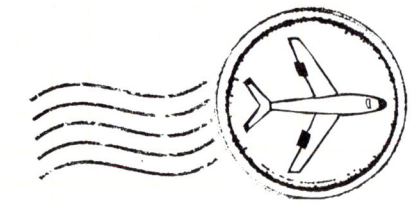

비행기를 보며 상상력과 탐구력을 키워요

"지금 머리 위를 날아가는 비행기는 어떤 모양일까?"

하늘을 나는 비행기를 유심히 본 적 있나요? 멋진 꼬리구름을 만들며 날아가는 비행기는 무엇일까 궁금한 적 있을 거예요. 하늘에는 우리가 타는 여객기 말고도 전투기, 수송기 등 다양한 비행기가 다닌답니다. 비행기 종류를 많이 알아둘수록 하늘 위를 나는 비행기를 보며 떠올릴 거리가 더 많겠지요.

비행기는 처음부터 오늘날처럼 종류가 다양했을까요? 옛 비행기는 종류도 많지 않고 모양도 오늘날의 비행기와 달랐답니다. 하지만 당시 최고의 과학과 기술이 집약된 형태였어요. 날개가 여러 겹이고 바퀴가 크며 색상이 화려했지요. 프로펠러가 꼭 달려 있었고요. 오늘날의 비행기처럼 빠르거나 멋지지는 않지만, 독특하고 재미있는 모양이 많았습니다.

특히 라이트 형제의 플라이어호부터 제2차 세계대전 후반에 메서슈미트 me262가 나타나기 전까지 등장한 비행기들은 보기만 해도 상상력을 자아내지요. 비행기 성능을 발전시키려고 끊임없이 노력하는 비행기 제작자의 도전 정신이 담겨 있기 때문일까요? 기상천외한 모습을 한 비행기를 엿보며 '또 어떤 모습의 비행기가 있을까?' '비행기 모양을 왜 이렇게 만들었을까?' 마음껏 상상의 나래를 펼칠 수 있습니다.

책에 평소 여러분이 비행기를 보며 궁금했던 조종법이나 내부 구조 등의 정보를 담아 항공 관련 지식도 쌓을 수 있게 했어요. 이 책을 읽으며 비행기를 탐구하고 다양한 상상력을 발휘해 훗날 항공 분야에 큰 꿈을 펼치기 바랍니다.

항공우주박물관 학예사
손봉희

이 책을 읽는 법

전 세계 여객기, 전투기, 수송기, 훈련기 등 다양한 기종을 소개해요!

비행기의 최대 속도, 이륙 중량, 상승 한도 등 특징을 정확히 알 수 있어요!

비행기에 담긴 과학과 역사 이야기를 읽으면서 새로운 지식을 쌓을 수 있어요!

비행기 조종법, 내부 구조 소개 등 다양한 읽을거리로 흥미를 높여요!

차례

- 이 책을 읽는 여러분께 … 2
- 이 책을 읽는 법 … 3
- 비행기의 발전 … 4

2. 복엽기

- 아브로 504 … 28
- 쿠드롱 G.3 … 30
- 솝위드 베이비 … 30
- 뉴포트 17 … 31
- 로열 에어크래프트 팩토리 R.E.8 … 31
- 브리스톨 F.2B 파이터 … 32
- 솝위드 펍 … 32
- 솝위드 트라이플레인 … 33
- 포커 Dr.1 … 34

⭐ 더 알고 싶어요

제1차 세계대전 독일 공군의 에이스,
만프레트 폰 리히트호펜 … 35

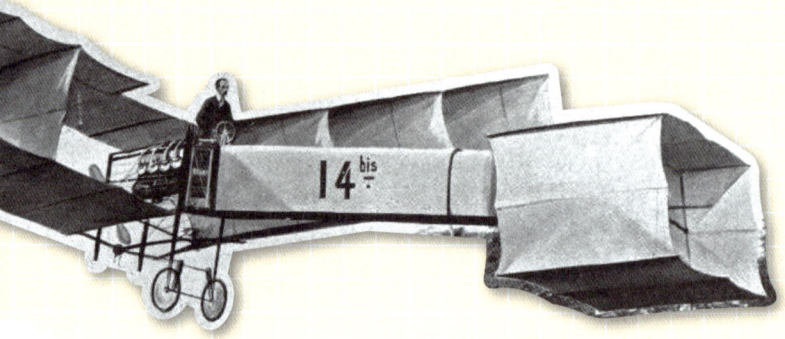

1. 비행기의 탄생

- 새뮤얼 랭글리와 라이트 형제 … 12
- 세계 최초의 유인 헬리콥터를 개발한 폴 코르뉘 … 16
- 유럽 최초의 동력 비행에 성공한 산투스 두몽 … 18
- 최초로 해협을 횡단 비행한 루이 블레리오 … 22

- 로열 에어크래프트 팩토리 S.E.5 … 36
- 알바트로스 D-5A … 36
- 팔츠 D.3 … 37
- 포커 D.7 … 37
- 커티스 JN-4 … 38
- 드 하빌랜드 DH-60 모스 … 38
- 미네 HM.14 … 39
- 피아트 CR.42 … 39

⭐ 더 알고 싶어요

- 비행기가 날려면 무엇이 필요할까? … 24
- 비행기는 어떻게 움직일까? … 26

⭐ 더 알고 싶어요

- 비행기 날개는 어떤 종류가 있을까? … 40
- 날개의 위치는 어떻게 다를까? … 42

3. 단엽기

융커스 Ju 52 ··· 44
록히드 베가 ··· 46
보잉 247 ··· 46

⭐ 더 알고 싶어요
록히드와 어밀리아 에어하트 ··· 47

보잉 707 ··· 48
보잉 727 ··· 50
보잉 737 ··· 50
보잉 747 ··· 51
에어버스 A300 ··· 51
보잉 757 ··· 52
에어버스 A310 ··· 52
보잉 767 ··· 53
에어버스 A320 ··· 53

에어버스 A330 ··· 56
에어버스 A340 ··· 56
보잉 777 ··· 57
에어버스 A380 ··· 57
보잉 787 ··· 58
에어버스 A220 ··· 58
에어버스 A350 ··· 59

⭐ 더 알고 싶어요
비행기가 가장 안전한 교통수단이라고? ··· 60

⭐ 더 알고 싶어요
비행기 안은 어떻게 생겼을까? ··· 54

슈퍼마린 스핏파이어 … 62
모레인-솔니에르 AI … 64
호커 허리케인 … 64
미쓰비시 A6M5 제로 … 65
아브로 랭커스터 … 65
메서슈미트 me262 … 66
노스럽 N-9M … 68
글로스터 미티어 … 68
B-52 스트래토포트리스 … 69
F-4 팬텀 … 69
F-5 프리덤 파이터 … 70
F-15 이글 … 70
A-10a 선더볼트 II … 71
F-117 나이트호크 … 71

F-16 … 74
Su-25 프로그풋 … 74
F-18 … 75
B-1B 랜서 … 75
B-2 스피릿 … 76
다소 라팔 … 78
F-22A 랩터 … 78
F-35 라이트닝 II … 79
Su-57 PAK-FA … 79
U-2s … 80
C-130 허큘리스 … 82
P-3 오리온 … 82
SR-71 블랙버드 … 83
KT-1 웅비 … 84
T50 골든이글 … 85

 더 알고 싶어요

비행기에 그림을 그린다고? … 72

 더 알고 싶어요

비행기 이름은 어떻게 지을까? … 86

4. 독특한 비행기

시코르스키 VS-300 ··· 88
그라프 체펠린 LZ 127 ··· 90
카프로니 Ca.60 ··· 91
도르니에 Do-X ··· 92
블레리오 125 ··· 94
드와틴 D.750 ··· 95
블랙번 B-88 ··· 96
벨 X-22 ··· 97
안토노프 An-225 므리야 ··· 98
V-22 오스프리 ··· 99
스케일드 컴포지트 화이트 나이트 2 ··· 100
에어버스 벨루가 XL ··· 102
SB-1 디파이언트 ··· 103

 더 알고 싶어요

미래의 비행기는 어떻게 움직일까? ··· 104

도움받은 자료 ··· 106
찾아보기 ··· 107

꿈을 꾸는 데 한계란 없습니다.
- 어밀리아 에어하트

일러두기

* 비행기 이름과 함께 명시한 연도는 비행 시작일을 기준으로 했습니다.
* 마하 1은 약 1,225km/h입니다.
* 사람이나 물건을 싣고 공중을 비행하는 탈것을 통틀어 이르는 '항공기'의 뜻을 포함해 '비행기'로 적었습니다.
* 이 책에 나오는 비행기나 항공사의 정보는 2020년 기준입니다.

1

비행기의 탄생

그리스 로마 신화에 등장하는 이카로스처럼 인류는 언제나 하늘을 날기를 꿈꿨어요. 인류 최초로 비행에 성공한 사람은 누구일까요? 어떤 비행기가 처음으로 비행에 성공했을까요?

새뮤얼 랭글리와 라이트 형제

누가 세계 최초로 사람을 태운 비행기를 만드는 데에 성공했을까요? 맞아요. 라이트 형제랍니다. 미국의 유명한 물리학자인 랭글리도 라이트 형제처럼 사람을 태운 비행에 성공하기 위해 힘을 쏟았어요. 랭글리는 정부의 지원과 대중의 뜨거운 관심을 받으며 비행기를 만들었습니다.

새뮤얼 랭글리

랭글리는 왜 날지 못했을까?

1903년 10월 7일, 랭글리가 제작한 동력 비행기 '에어로드롬'은 사람을 태우고 수많은 기자와 관중 앞에서 최초 비행을 시도했습니다. 압축한 공기를 확 풀면서 총을 쏘듯 튀어 나간 에어로드롬은 바로 곤두박질치고 말았지요. 두 달 동안 재정비를 하고 다시 도전했지만 실패로 끝나고 말았습니다. 랭글리는 두 번이나 연달아 실패하면서 비행기 개발을 포기합니다. 한 번에 큰 힘을 줘서 비행기를 이륙시키는 방식과 비효율적인 날개, 프로펠러 설계가 실패 요인으로 꼽힌답니다.

새뮤얼 랭글리의 에어로드롬

- 길이 16.5m
- 높이 3.5m
- 너비 14.6m
- 최대 이륙 중량 340kg
- 탑승 1명

최초의 동력 비행에 도전하는 에어로드롬

라이트 형제는 어떻게 비행에 성공했을까?

1903년 12월 17일 라이트 형제는 4번의 시험 비행 끝에 59초 동안 사람을 태우고 동력 비행하는 데 성공합니다. 인류 최초의 순간이었습니다.

라이트 형제는 그들만의 독특한 조종법 덕분에 비행에 성공했습니다. 라이트 형제가 개발한 방향 전환 방법은 지금도 비행기를 조종할 때 그대로 쓰입니다.

라이트 형제

하늘을 나는 플라이어호

라이트 형제의
플라이어호(1903)

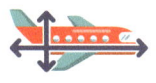
길이 6.43m
높이 2.74m

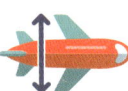
너비
12.29m

최대 이륙 중량
274kg

최대 속도
48km/h

탑승
1명

라이트 형제가 사용한 조종 방법은?

라이트 형제의 플라이어호에는 위아래로 놓인 커다란 직사각형 주날개 2장이 놓였습니다. 조종사는 아래쪽 주날개 중앙에 엎드린 자세로 탑승했어요.

주날개 앞쪽에 비행기의 안정을 담당하는 승강키를 설치해, 기체를 위아래로 기울이고 비행자세를 안정적으로 제어할 수 있었지요. 승강키를 앞쪽에 놓아서 조종사가 움직임을 확인할 수 있었습니다.

라이트 형제는 기체를 좌우로 기울여 진행 방향을 바꾸거나 왼쪽이나 오른쪽으로 기운 비행기를 수평으로 되돌리는 방향키도 달았습니다. 라이트 형제는 주날개 양쪽 끝을 꽈배기를 꼬듯 서로 반대 방향으로 비트는 방식으로 플라이어호를 조종하려 했어요. 엎드린 조종사의 허리 쪽에 좌우로 미끄러지는 판을 설치해 왼쪽이나 오른쪽으로 판을 움직이면 판에 연결된 철선이 주날개를 뒤틀었습니다. 플라이어호 자체는 결코 안정적이지 않았지만 라이트 형제는 이 조종 기술로 인류 최초의 동력 비행에 성공할 수 있었지요.

라이트 형제는 비행에 성공해서 고국을 떠났다고?

라이트 형제가 비행에 성공했다는 소식을 접하자 랭글리는 라이트 형제가 자신의 조언을 받아서 비행기를 개발했다고 특허 소송을 벌이게 됩니다.

하지만 비행기를 원하는 방향으로 전환하며 비행을 유지하는 라이트 형제의 조종장치가 비행 성공의 큰 이유였기에 라이트 형제는 소송에서 이깁니다. 그러나 당시 랭글리와 사이가 나빠진 라이트 형제는 여론마저 차가워지자 미국을 떠나 프랑스에서 비행기 제작 사업을 시작합니다.

세계 최초의 유인 헬리콥터를 개발한
폴 코르뉘

1907년 프랑스에서 폴 코르뉘가 개발한 수직 이륙 항공기는 헬리콥터의 기원입니다. 코르뉘는 운송업을 하던 아버지를 도우며 기계에 많은 관심을 기울였습니다. 우연인지 모르겠지만 폴 코르뉘도 라이트 형제처럼 자전거 엔지니어였습니다. 1907년 유인 헬리콥터 비행에 최초로 성공합니다.

어떻게 헬리콥터를 만들었을까요?

자전거 휠에 부직포 날개를 달았습니다. 엔진과 자전거 바퀴를 체인으로 연결했고, 이때 자전거 바퀴가 돌면서 얻은 회전력으로 양력을 아래로 발생시켜 하늘을 나는 원리입니다. 큰 자전거 바퀴 모양 프레임에 섬유로 된 회전 날개가 달려 있습니다. 코르뉘의 첫 헬리콥터는 지상에서 1.5m 높이로 날아올라 20초 동안 비행을 유지했습니다.

헬리콥터와 비행기는 무엇이 다를까요?

비행기는 활주로를 달려 위로 뜨는 힘을 얻습니다. 이 힘으로 비행을 하지요. 하지만 헬리콥터는 활주로가 필요 없어요. 좁은 곳에서도 수직으로 이착륙을 할 수 있답니다. 이륙을 하면 착륙할 때까지 멈출 수 없는 비행기와 달리 공중에서 정지할 수 있다는 특징이 있어요. 후진도 할 수 있지요. 이런 특징 덕분에 경찰 업무, 인명 구조, 화재 진압 등 다양한 용도로 사용해요.

물론 단점도 있습니다. 비행을 하는 내내 프로펠러를 돌려야 하므로 비행기보다 훨씬 많은 연료를 소모한답니다. 또한 최대 속도가 비행기보다 느리고 최대 이륙 중량도 비행기보다 적어요. 많은 사람을 싣고 다니거나 먼 거리를 이동할 때는 비행기가 더 좋겠지요? 우리가 헬리콥터보다 비행기를 주로 타는 이유예요.

코르뉘 헬리콥터

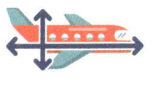
길이 6m
높이 2.4m

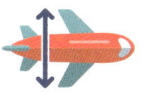
너비
5.49m

최대 이륙 중량
110kg

최대 속도
90km/h

탑승
1명

자전거 바퀴로 만든 수직 이륙 항공기

유럽 최초의 동력 비행에 성공한
산투스 두몽

미국에 라이트 형제가 있다면 유럽에는 산투스 두몽이 있습니다. 산투스 두몽은 유명한 발명가로 유럽에서 최초로 동력 비행에 성공한 사람이지요. 브라질에서 태어난 두몽은 어릴 때부터 기계를 좋아해 증기기관 트랙터나 기관차를 운전하고 수리하는 일을 좋아했습니다. 프랑스 파리로 유학을 간 두몽은 그곳에서 비행선과 비행기를 개발합니다.

그는 어떻게 처음 비행선을 개발했을까요? 산투스 두몽은 파리에서 기계공학과 물리를 연구하며 열기구에 푹 빠져 있었어요. 그러다 1901년, 프랑스 사업가가 열기구로 30분 안에 에펠탑을 한 바퀴 도는 사람에게 큰 상금을 주는 대회를 열었습니다. 여러 명이 도전했다가 실패를 반복했고, 산투스 두몽은 열기구를 개발해 30분 29초로 에펠탑을 한 바퀴 돌아 성공을 인정받았답니다.

이후로 끊임없이 비행기를 발명한 그는 1906년 11월 12일, 동력 비행기를 개발해 유럽에서 처음으로 21.5초 동안 6m 높이로 220m를 날아 비행에 성공합니다.

동력 비행에 성공한 산투스 두몽의 14bis

14bis(1906)

- 길이 9.6m
- 높이 3.8m
- 너비 11.4m
- 최대 이륙 중량 290kg
- 최대 속도 40km/h
- 탑승 1명

라이트 형제의 비행기와 무엇이 다른지 비교해볼까요?

어떻게 비행기를 조종했을까요?

산투스 두몽의 비행기를 보면 커다란 박스 모양의 연이 떠오르지요? 초기 비행기는 앞부분을 조종석과 줄로 연결해 간단하게 상하좌우로만 움직일 수 있었습니다. 앞모양이 길기 때문에 거꾸로 탔다고 생각할 수도 있지만, 엔진과 날개는 뒷부분에 있답니다. 조종사는 앞부분을 주시하며 조종해야 했습니다.

드모아젤 No.19 (1907)

길이
8m

너비
5.1m

최대 중량
56kg

탑승
1명

날개 앞쪽에 20마력 엔진을 장착한 비행기입니다. 라이트 형제의 플라이어호보다 가벼울 뿐만 아니라 착륙 바퀴가 달려 있고, 날개 형태가 단순합니다. 전보다 더욱 진보한 비행기임을 짐작할 수 있습니다.

비행을 하는 드모아젤 No.19

산투스 두몽과 라이트 형제, 누가 최초로 동력 비행에 성공했을까?

1905년에 프랑스에서 설립한 국제항공연맹은 항공 기록을 얻으려면 자력 이륙해야 한다는 규칙을 만들었습니다. 산투스 두몽의 비행기는 바퀴를 달아 자력으로 이륙이 가능했으나 라이트 형제의 플라이어호는 이륙할 때 레일을 이용해 연결한 와이어를 당긴 뒤 발사하는 방식으로 비행을 했고, 동체가 바닥에 미끄러지듯 착륙했습니다. 이런 규칙 때문에 라이트 형제보다 산투스 두몽을 동력 비행에 처음 성공한 사람으로 생각하는 나라도 있답니다. 여러분의 생각은 어떤가요?

최초로 해협을 횡단 비행한
루이 블레리오

프랑스의 루이 블레리오는 블레리오 XI을 타고 영국과 프랑스 사이에 있는 도버 해협을 횡단하는 데 최초로 성공했습니다. 도버 해협의 폭은 34km 정도입니다. 당시 이곳을 횡단하려면 높은 비행기 성능과 더불어 여러 기술이 필요했습니다. 도버 해협을 건너려면 방향과 고도를 정확히 알아야 했기 때문입니다.

방향을 알아낼 나침반을 비행기에 설치했고, 프로펠러 회전수를 계산하는 기계와 고도를 파악할 휴대용 기압계 등을 소지했습니다. 체온을 유지하고 시야를 확보하기 위해 솜털이 든 옷과 고글을 썼답니다.

블레리오 XI(1909)

- 길이 7.6m
- 높이 2.7m
- 너비 7.8m
- 최대 이륙 중량 230kg
- 최대 속도 75.6km/h
- 탑승 1명

힘차게 프로펠러가 돌아가는 블레리오 XI

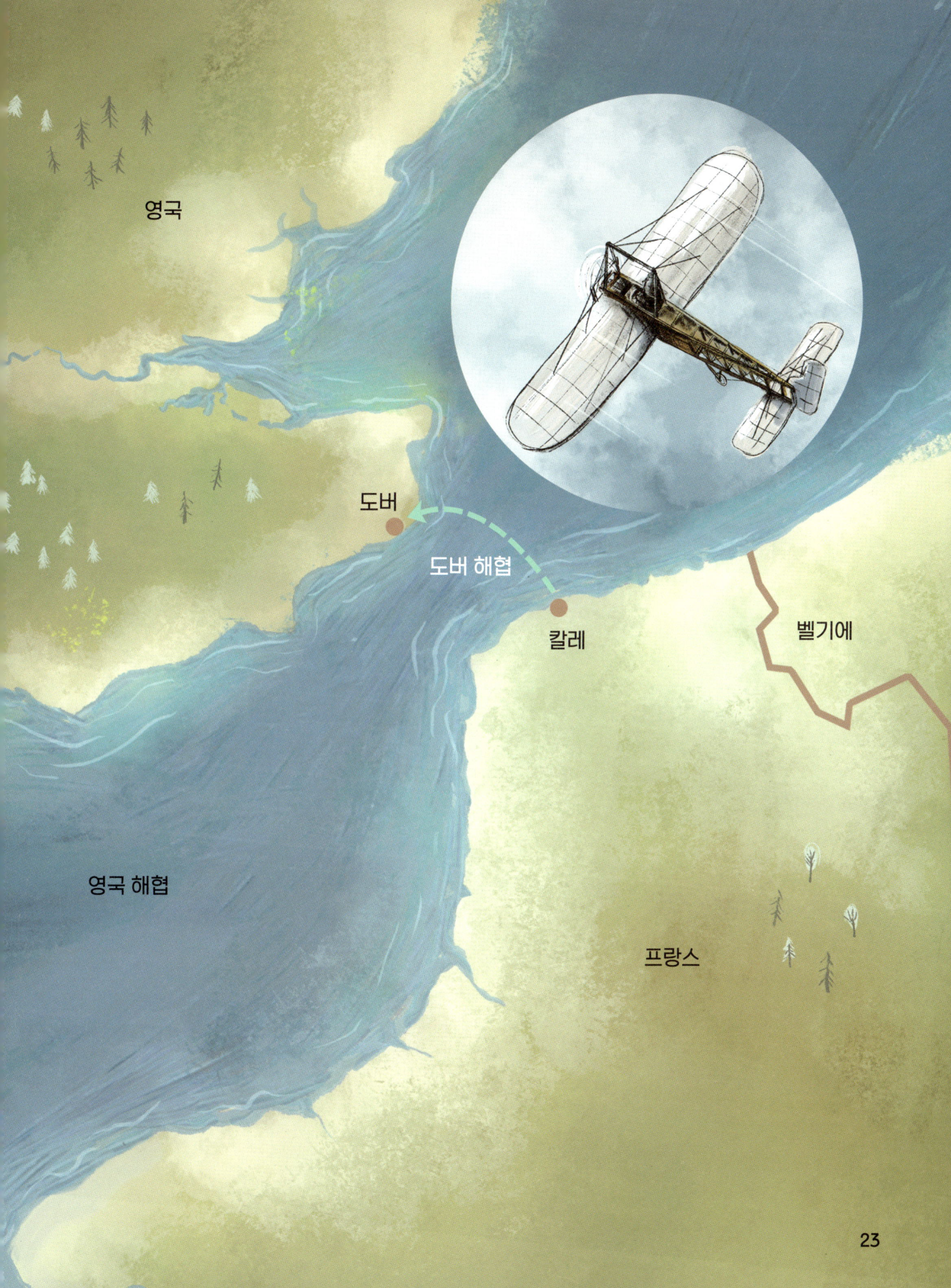

 더 알고 싶어요

비행기가 날려면 무엇이 필요할까?

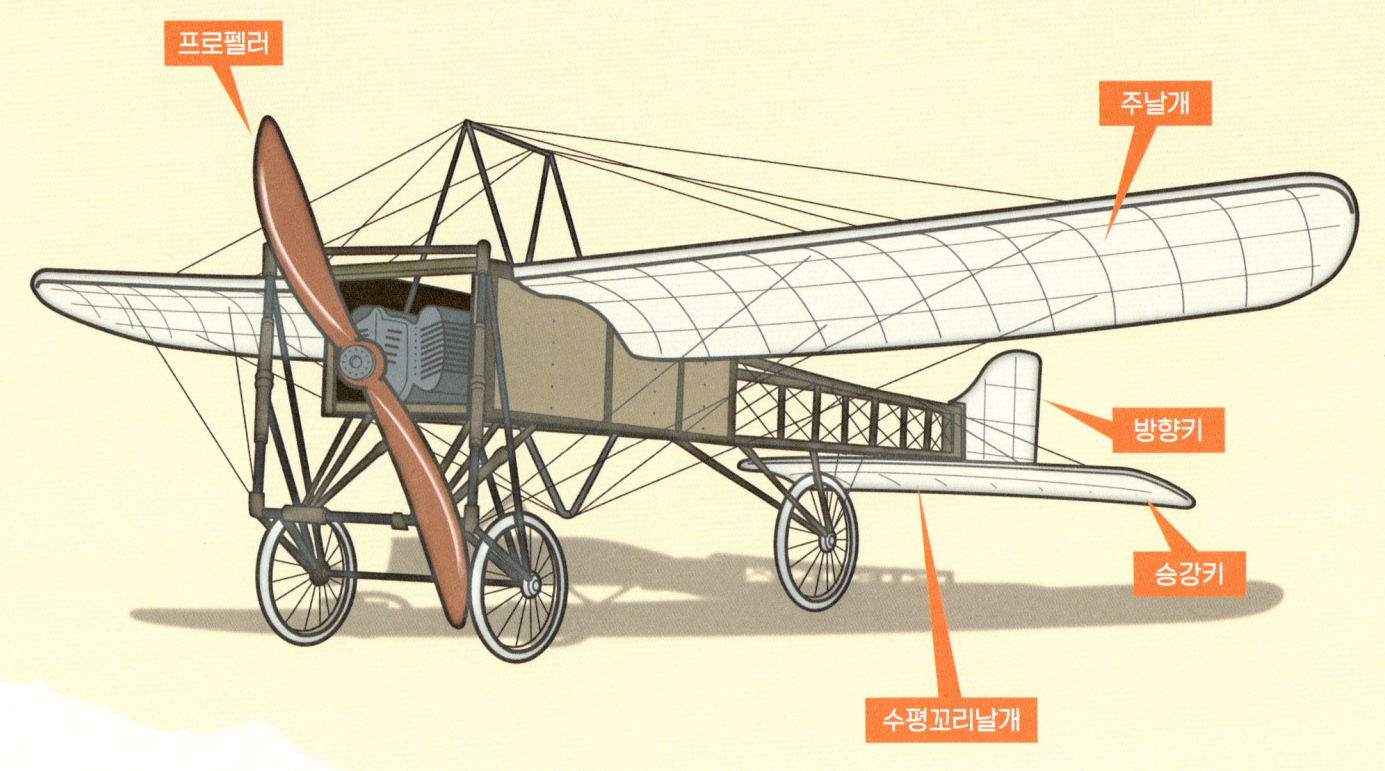

루이 블레리오가 만든 비행기를 자세히 살펴볼까요?

그가 만든 비행기는 오늘날 자주 보는 비행기 형태와 비슷해요. 주날개 1장과 수평을 유지하는 승강키를 단 수평꼬리날개, 조종을 위한 방향키를 달았지요.

프로펠러가 동체 앞쪽에 달려 있고 착륙 바퀴가 3개라는 점은 오늘날의 비행기와 다르답니다.

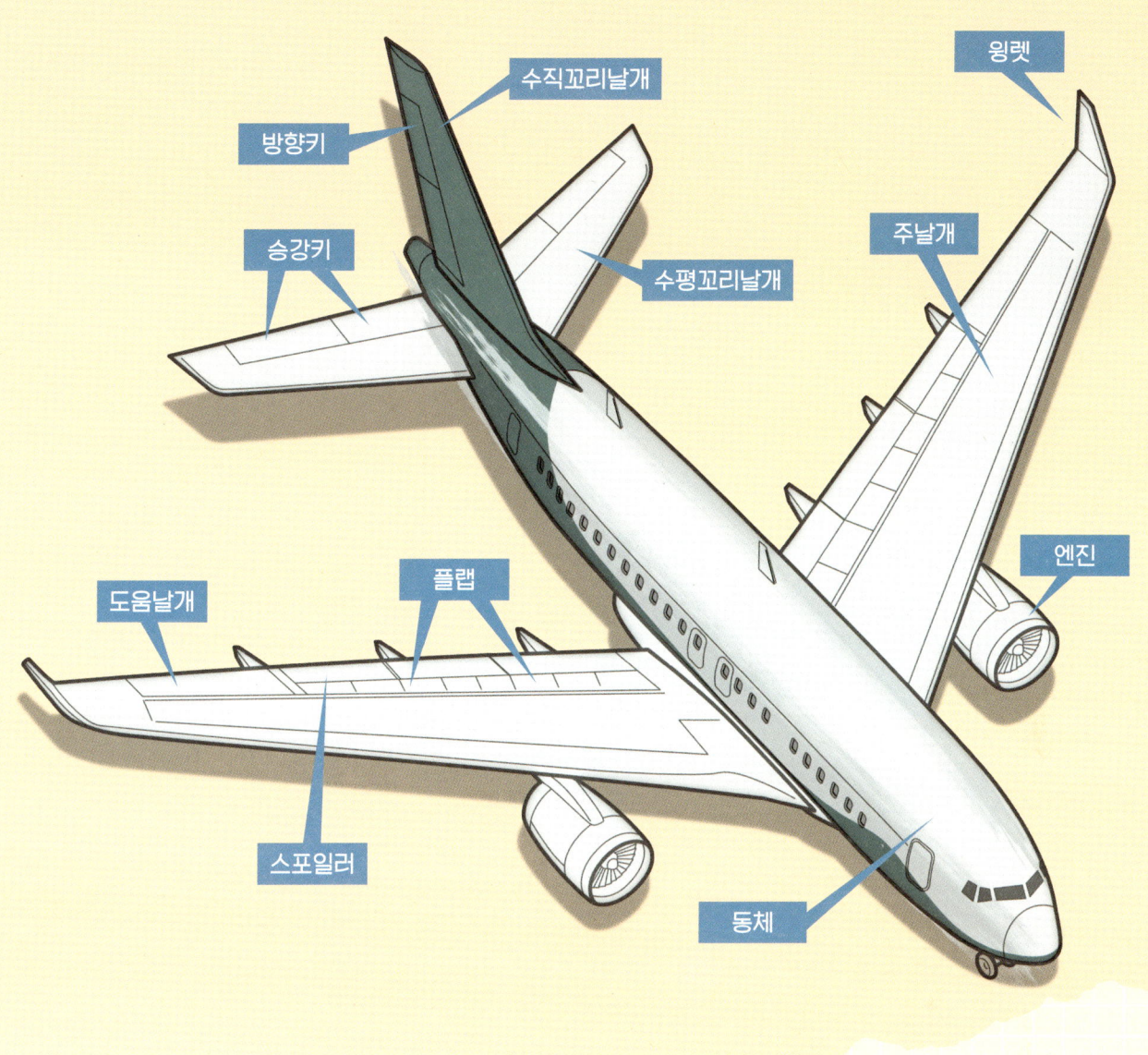

 현대에 보통 사용하는 비행기의 모습입니다. 블레리오의 비행기와 비교했을 때 무엇이 다른지 확인해볼까요? 주날개에 도움날개와 플랩, 스포일러가 새로 생겼네요. 도움날개는 주날개의 아랫면에 있어요.

 플랩의 정체는 무엇일까요? 플랩은 기체가 옆으로 흔들리지 않도록 도와줍니다. 이착륙할 때 비행기는 속도가 느려요. 그래도 비행기가 추락하지 않으려면 아래에서 받치는 힘을 유지해야 하지요. 플랩은 비행을 할 때는 숨어 있다가 이착륙을 할 때만 나와서 날개 크기를 더욱 크게 키워요. 그래서 날개를 받치는 힘을 키우는 겁니다.

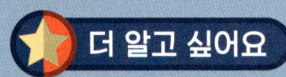
더 알고 싶어요

비행기는 어떻게 움직일까?

비행기는 어떻게 하늘에서 위아래로 움직이고, 옆으로 방향을 전환할 수 있을까요? 바로 비행기를 조종하는 승강키, 방향키 덕분이지요. 더 정확하게는 비행기에 달린 다양한 날개 덕분이에요. 비행기의 움직임은 크게 세 가지로 나눌 수 있답니다. 그림과 함께 살펴볼까요?

요잉

비행기가 좌우로 움직여요. 수직 꼬리날개에 달린 방향키를 조절하면 비행기가 좌우로 움직여요.
　오른쪽 방향키 페달을 밟으면 방향키가 오른쪽으로 움직입니다.

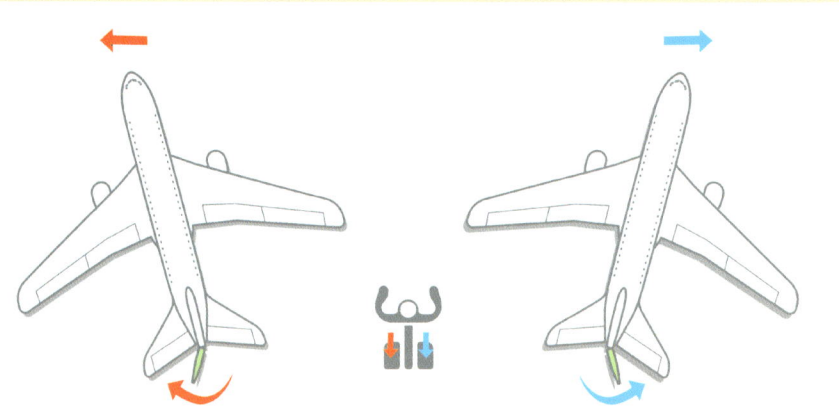

롤링

비행기가 좌우로 기울어져요. 주 날개 뒤쪽에 달린 도움날개 때문에 비행기가 기울어진답니다.
　조종간을 오른쪽으로 기울이면 왼쪽 도움날개가 내려가고 오른쪽 도움날개와 스포일러가 올라가요.

피칭

비행기가 앞뒤로 기울어져요. 승강키를 움직여 비행기를 앞뒤로 기울이는 것을 말합니다.
　조종간을 몸쪽으로 당기면 승강키가 올라간답니다.

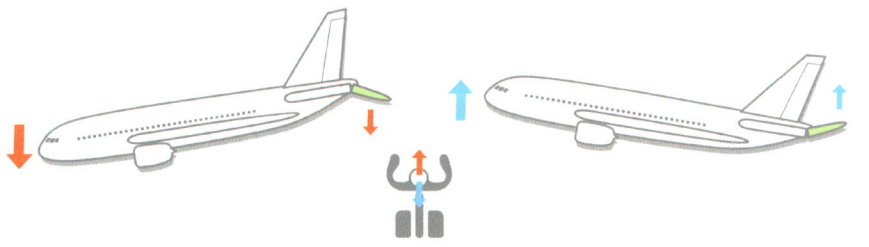

2

복엽기

복엽기는 날개가 여러 장 달린 비행기입니다. 엔진의 힘이 약했던 때에는 비행기 대부분이 복엽기였습니다. 나무로 만든 기둥에 캔버스 천을 덮은 날개를 튼튼하게 만들기 어려웠기 때문에, 날개를 여러 장 만들어 서로 지탱하는 모양으로 만들었던 겁니다.

아브로 504

 1913

제1차 세계대전 초기에 정찰과 폭격 임무에 투입했습니다. 속도가 빠르고 기관총을 날개 위에 장착해 공중전에 유리했답니다. 구조가 단순해서 튼튼하고 비행 자세를 빠르게 회복하는 안정성이 뛰어나 1930년대까지 교육 훈련용 비행기로 여러 나라에서 사용했습니다.

> 바퀴 사이에 있는 기다란 막대는 착륙 썰매입니다. 비행기가 떠오를 때 꼬리날개를 돌리면 비행기가 앞으로 고꾸라져 프로펠러와 엔진이 망가지는 사고가 일어날 수 있는데, 이를 방지하려고 착륙 썰매를 설치했습니다.

 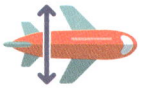

| 길이 9m 높이 3.2m | 너비 11m | 최대 이륙 중량 830kg |

| 최대 속도 153km/h | 상승 한도 4,877m | 항속 거리 402km | 탑승 2명 |

날개 위에서 어떻게 총을 쐈을까?

기관총을 날개 위에 달아 아래에서 위로 방향 전환해 공격할 수 있었습니다. 적기 아래로 비행하면서 공격하기가 수월했습니다. 기관총을 발사하는 방법은 방아쇠에 케이블을 연결해 발사하였습니다.

아브로 504의 기관총

쿠드롱 G.3

 1914

쿠드롱 형제가 군용으로 개발한 비행기예요. 조종사가 시야를 확보하기 편하다는 장점이 있어 정찰기로 사용했으나 다른 항공기에 비해 성능이 떨어지고 무장 능력이 부족해 전선에서 철수했습니다.

동체와 위아래 날개 사이가 비었다는 특징이 있습니다. 위아래 날개 크기를 달리해 비행 안정성을 높였어요. 바퀴를 2개씩 한 쌍으로 달아 착륙할 때 충격을 줄였답니다.

솝위드 베이비

 1915

1인용 수상 복엽기로 작고 민첩하다는 장점이 있어요. 적을 정찰하거나 30kg 포탄 2개를 장착해 빠르게 적진을 폭격했습니다.

물 위에서 이착륙이 가능했습니다. 이 덕분에 바다에서 작전을 수행했습니다. 군함에 싣고 다니며 필요할 때 비행기를 발사했어요. 복귀할 때는 크레인을 이용해 다시 배로 회수했답니다.

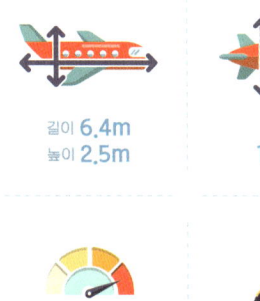

| 길이 6.4m | 너비 | 최대 이륙 중량 |
| 높이 2.5m | 13.4m | 710kg |

최대 속도 106km/h · 탑승 1명

길이 7m / 높이 3.05m · 너비 7.82m · 최대 이륙 중량 560kg

최대 속도 162km/h · 상승 한도 3,050m · 항속 거리 500km · 탑승 1명

뉴포트 17

 1916

독일군 전투기에 대항해 만든 전투기로, 제1차 세계 대전에서 널리 사용했습니다. 상승률이 높고 성능이 우수해 당시 '최고의 비행기'라고 불렀습니다.

기관총을 날개 위에 설치해 위아래로 기관총을 조작할 수 있다는 장점이 있어요. 적의 비행기 아래를 공격할 수 있어서 공중전에 유리한 비행기였습니다.

로열 에어크래프트 팩토리 R.E.8

 1916

영국의 정찰기입니다. 조종하는 방법은 어려웠으나, 화력이 강하고 연료를 많이 탑재할 수 있습니다. 프로펠러의 날이 4개인 게 특징입니다. 날이 2개인 프로펠러보다 추력을 높이고, 똑같은 연료로 더 멀리 갈 수 있도록 효율성을 높였어요.

4,000대 넘게 생산했습니다. 목재 구조에 철사를 덮어 만들었어요.

 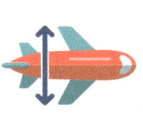   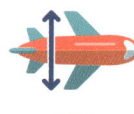 

길이 6m / 높이 2.4m   너비 8.2m   최대 이륙 중량 560kg   길이 6.4m / 높이 3m   너비 13m   최대 이륙 중량 1,301kg

최대 속도 170km/h   상승 한도 1,980m   탑승 1명   최대 속도 164km/h   상승 한도 4,115m   탑승 2명

브리스톨 F.2B 파이터

 1916

정찰기로 만들었지만 나중에 기종 이름을 바꾸고 전투기로 사용했어요. 2명이 탑승하며 앞뒤로 기관총이 있어 전방과 후방으로 공격이 가능하지만 민첩성은 떨어집니다.

제1차 세계대전 후반에는 비행기 전체를 알루미늄 금속으로 제작했지요. 넓은 날개가 조종사 시야를 가려서 사고가 날 수 있다는 문제를 보완하기 위해 날개와 동체 사이를 벌려 조종사의 시야를 확보했습니다.

솝위드 펍

 1916

제1차 세계대전 당시 독일군을 제압하기 위해 제작했어요. 테니스장에 착륙할 수 있을 정도로 작지만 동체에 비해 날개 면적이 넓어 비행 성능이 좋습니다.

날개 상단 중앙에 홈을 파서 날개가 조종사의 시야를 가리는 단점을 보완했답니다. 조종이 쉽고 안정성이 높은 비행기입니다.

 길이 7.9m 높이 3m
 너비 12m
 최대 이륙 중량 1,474kg

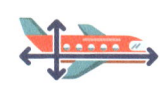 길이 6m 높이 2.9m
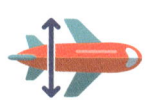 너비 8m
 최대 이륙 중량 556kg

 최대 속도 198km/h
 상승 한도 5,485m
 탑승 2명

 최대 속도 179km/h
 상승 한도 5,334m
 탑승 1명

솝위드 트라이플레인

삼엽기

🇬🇧 1916

영국 공군이 사용한 최초의 삼엽기입니다. 재빠른 움직임으로 많은 전투에서 승리를 거두었답니다. 삼엽기는 복엽기보다 큰 양력을 발생시켜 더 높이 상승할 수 있었어요. 적을 피하거나 추격하기에 수월했습니다.

길이 9m
높이 3.2m

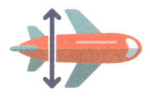
너비
11m

최대 이륙 중량
830kg

최대 속도
153km/h

상승 한도
4,877m

항속 거리
402km

탑승
2명

포커 Dr.1

 1917

제1차 세계대전 당시 가장 유명한 비행기입니다. 전선에 배치되자마자 엄청난 성능을 자랑했고, 더 높이 비행할 수 있었으며 방향 돌리기도 쉬웠습니다.

독일 전쟁 영웅인 '만프레트 폰 리히트호펜'의 마지막 전투기로도 매우 유명합니다. 리히트호펜은 이 비행기를 붉은색으로 칠하고 다녀 '붉은 남작'이라고 불렸답니다.

길이 5.8m
높이 3m

너비
7.2m

최대 이륙 중량
496kg

최대 속도
185km/h

상승 한도
6,100m

탑승
1명

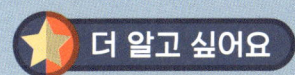 더 알고 싶어요

제1차 세계대전 독일 공군의 에이스, 만프레트 폰 리히트호펜

만프레트 폰 리히트호펜은 '붉은 남작'이라 불리는 독일의 전쟁 영웅입니다. 그는 빨간색으로 색칠한 전투기를 타고 비행기 80대를 격추했습니다. 연합군에게 리히트호펜은 공포의 대상이었습니다.

제1차 세계대전이 발발했을 때 리히트호펜은 22살이었습니다. 독일 공군의 아버지라 불리는 오스왈드 뵐케와 만나면서 조종사가 되었습니다. 처음 서부전선에 배치되었고 큰 활약을 했습니다. 리히트호펜의 포커 삼엽기는 선회력과 상승력이 우수해 적과 근접전을 펼치기에 제격이었습니다.

리히트호펜은 적군에게 두려움과 존경의 대상이었습니다. 그는 놀라운 전과를 올렸지만, 프랑스 북부 아미앵에서 격추되어 26살이라는 젊은 나이에 생을 마감합니다. 리히트호펜은 제1차 세계대전 전쟁사에서 빠질 수 없는 유명인이며 붉은 남작과 포커 삼엽기를 소재로 한 영화와 애니메이션이 종종 등장했습니다.

서부전선
제1차 세계대전 당시, 독일군과 연합군이 맞붙은 프랑스 동북부 전선을 말합니다. 치열한 전투가 벌어졌던 곳으로 양 진영이 참호전을 전개하며 엎치락뒤치락했는데, 공중전 또한 매우 맹렬했다고 합니다.

로열 에어크래프트 팩토리 S.E.5

 1916

당시 높은 안정성과 가장 빠른 속도를 자랑했습니다. 연합군 최고의 전투기로 알려지기도 했어요.

이 전투기로 제1차 세계대전 당시 연합군이 공중전에서 주도권을 쥘 수 있었습니다. 전쟁이 끝난 후에는 민간 회사에 팔아 하늘에서 광고하는 용도로 사용하기도 했답니다.

알바트로스 D-5A

 1916

당시 독일 공군에서 가장 색상이 화려한 비행기였습니다. 가볍고 화력이 강했지만 기동성은 좋지 못했습니다. 프로펠러가 회전하면서 기관총 방아쇠를 당기는 방식을 사용했고, 이 덕분에 조종사가 기관총을 조작하지 않고도 총을 사용할 수 있었습니다.

골조가 따로 없이 외피만으로 하중을 견디게 만든 모노코크 구조였습니다.

 길이 6.4m 높이 2.9m	 너비 8.1m	 최대 이륙 중량 902kg	 길이 7.3m 높이 2.7m	 너비 9m	 최대 이륙 중량 937kg
최대 속도 222km/h	상승 한도 5,185m	탑승 1명	최대 속도 186km/h	상승 한도 5,700m	탑승 1명

팔츠 D.3

🇩🇪 1917

전쟁이 끝날 때까지 주로 훈련기로 사용했습니다. 속도는 느린 편이지만 내구성이 강했으며 급강하 공격에 유리했습니다. 팔츠 D.3의 후계기로 개발한 팔츠 D.7은 독일 공군의 주력 전투기로 사용했습니다.

날개와 엔진을 바꿔 더욱 내구성과 효율성을 높였습니다. 뜨거워진 엔진을 식히는 라디에이터도 엔진 앞쪽에 놓았습니다.

포커 D.7

🇩🇪 1918

제1차 세계대전 당시 최고로 인정받은 독일의 마지막 전투기입니다. 처음 모습을 보고 연합군은 과소평가를 했지만 곧 비행기가 상승하는 모습과 공중에서 자유로운 움직임을 보고 긴장했어요.

독일군은 포커 D.7을 총 3,300대 생산했습니다. 독일이 제1차 세계대전에 패배한 후 연합군이 가져가 각국의 전투기 개발을 위해 사용했답니다.

 길이 9.4m 높이 2.7m    너비 9.4m    최대 이륙 중량 935kg

 길이 7m 높이 2.8m    너비 8.9m    최대 이륙 중량 880kg

최대 속도 165km/h   상승 한도 5,180m   항속 거리 350km    탑승 2명

최대 속도 200km/h   상승 한도 7,000m    탑승 1명

커티스 JN-4

 **1920**

미국에서 처음 도입한 항공기이며 초기에 주로 훈련기로 사용했습니다. 비행기의 닉네임인 'Jenny'를 따서 JN이라고 이름을 지었습니다.

다른 비행기와 달리 각진 형태인데 유선형 형태보다 각진 형태의 비행기 프레임을 만드는 게 생산성이 높았기 때문입니다. 처음 만들어진 이후로 많은 변형을 거쳤으며, 튼튼하고 정비가 쉬웠습니다.

드 하빌랜드 DH-60 모스

 **1928**

2명이 탈 수 있는 비행기로, 날개를 접을 수 있어 좁은 공간에도 보관이 가능했습니다. 당시 개인도 구매할 수 있었기 때문에 고위층에게 인기 있는 비행기였습니다.

튼튼하고 견고한 비행기로 당시 영국, 호주, 뉴질랜드 등에서 비행 기록을 세우려고 자주 사용했습니다. 제조비가 저렴하고 조종이 쉬우며, 정비가 까다롭지 않다는 장점도 있었습니다.

|  길이 8.3m 높이 3m |  너비 13.3m |  최대 이륙 중량 871kg | 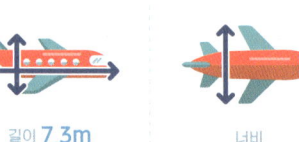 길이 7.3m 높이 2.7m | 너비 9.1m |  최대 이륙 중량 750kg |
|  최대 속도 121km/h |  상승 한도 2,000m |  탑승 1명 |  최대 속도 164km/h |  상승 한도 4,420m |  탑승 2명 |

미녜 HM. 14

 **1933**

'하늘의 지붕'이라는 이름을 가진 비행기입니다. 회사나 국가가 아닌 개인이 만든 비행기로 무게중심을 올바르게 계산하지 못했고, 날개 균형에 결함이 있어 추락 사고가 잦았답니다.

인명 피해가 자주 발생하자 비행을 금지시켰고 제2차 세계대전이 끝난 후에도 비행을 다시 허가하지 않았답니다.

피아트 CR.42

 **1939**

제2차 세계대전에서 활약한 전투기입니다. 이탈리아 항공기 제조업체인 피아트 아비지오네가 개발하고 생산한 단일 좌석 전투기이기도 하지요. 이탈리아에서 가장 많이 생산한 전투기예요.

구조가 튼튼하고 움직임이 자유로웠습니다. 더욱 발전한 모습으로 등장한 전투기 피아트 CR.42DB는 지금까지 가장 빠른 복엽 비행기로 평가받습니다.

길이 4m 높이 1.7m	너비 20m	최대 이륙 중량 247kg

최대 속도 133km/h	탑승 1명

길이 8.25m 높이 3.585m	날개 길이(상단 / 하단) 9.7m / 6.5m	최대 이륙 중량 2,295kg

최대 속도 441km/h	탑승 1명

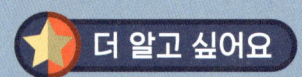 더 알고 싶어요

비행기 날개는 어떤 종류가 있을까?

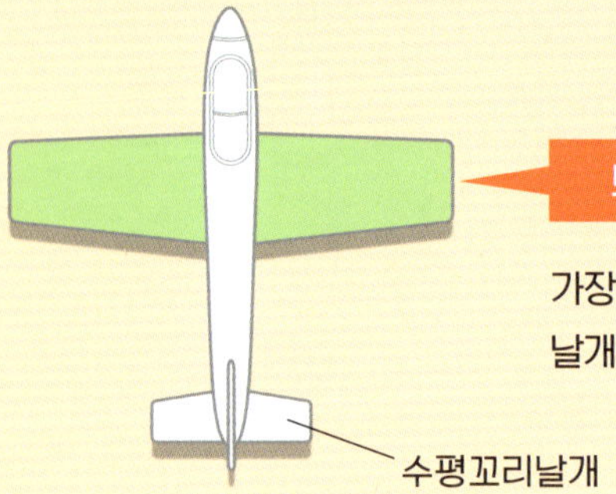

보통형
가장 기본적인 형태의 날개예요.
― 수평꼬리날개

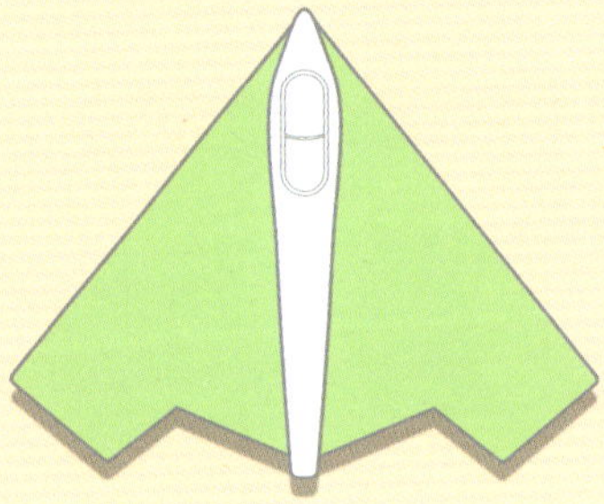

무미익
주날개와 수직꼬리날개만 있어요. 실제로 사용한 기간은 오래되지 않았어요.

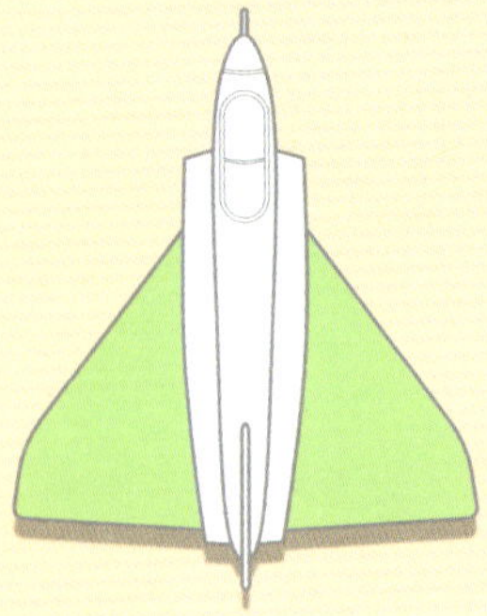

삼각익
삼각형 모양의 날개로, 초음속 비행에 적합해요.

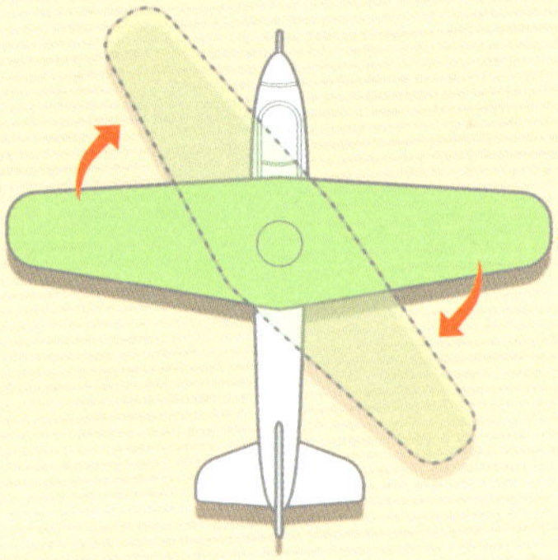

경사익
고속 비행에 유리하게 만들었지만, 경사진 날개 때문에 비행하기 어려워 아직 개발하고 있어요.

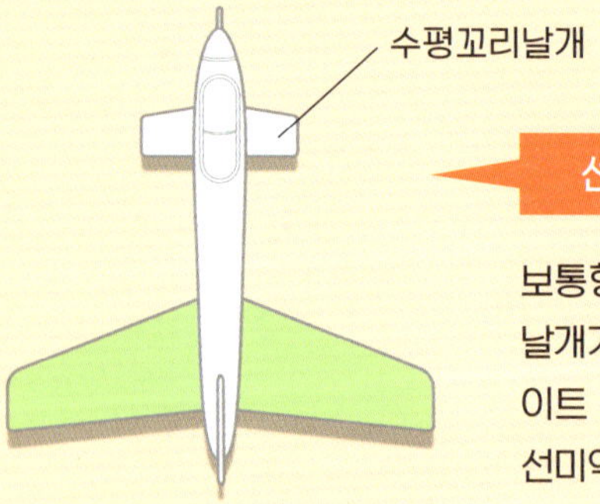

수평꼬리날개

선미익
보통형과 반대로 수평꼬리날개가 앞쪽에 달렸어요. 라이트 형제의 플라이어호가 선미익이었답니다.

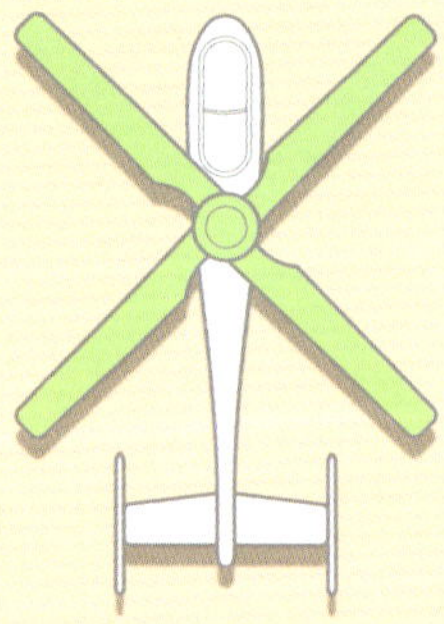

X자형 날개
아직 상용화하지 못한 날개 모양이에요.

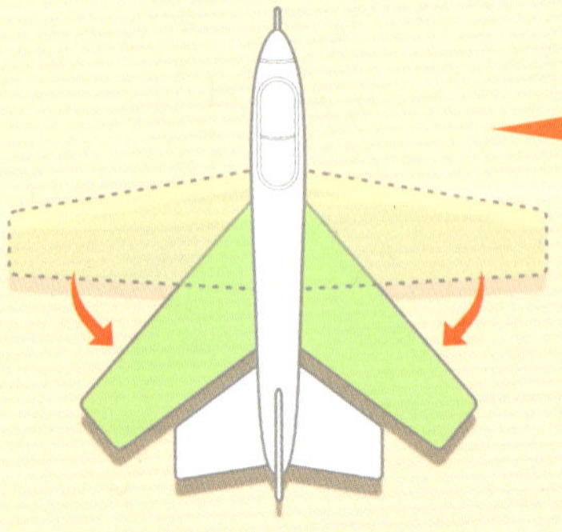

가변후퇴익
느리게 비행할 때는 날개를 직선으로 펴고, 빠르게 비행할 때는 날개를 뒤로 젖혀 삼각익처럼 만들어요.

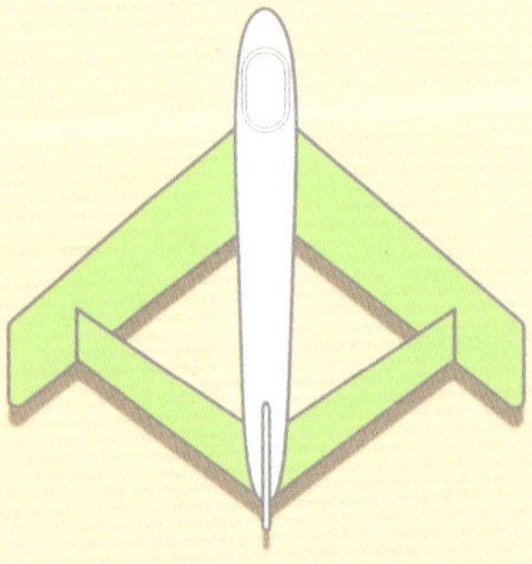

연결형 날개
날개 구조를 더욱 튼튼하게 만들기 위해 고안했어요. 아직 실제로 쓰이진 않는답니다.

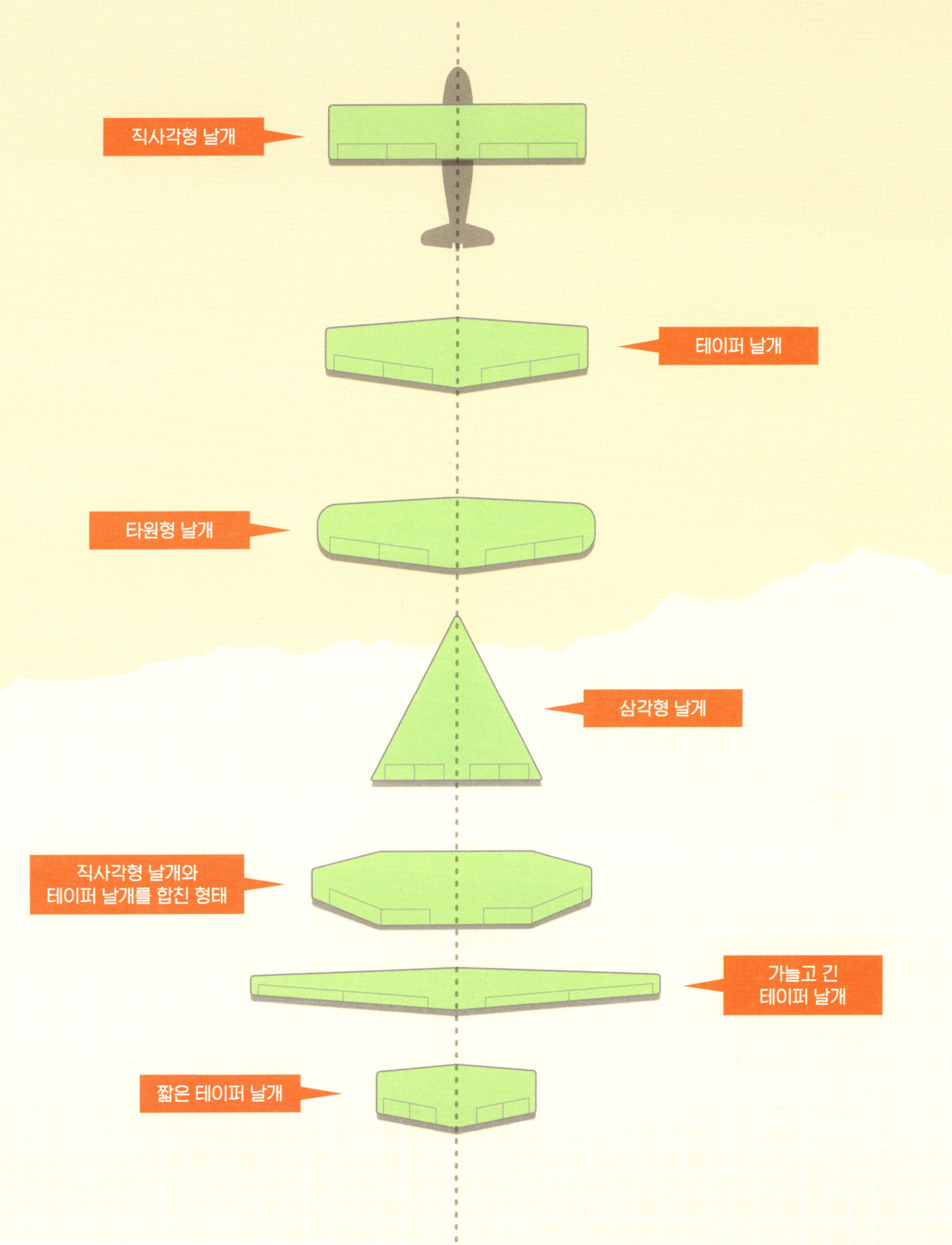

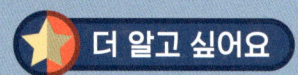 더 알고 싶어요

날개의 위치는 어떻게 다를까?

파라솔 날개 모레인-솔니에르 AI ➜ 64쪽을 보세요!	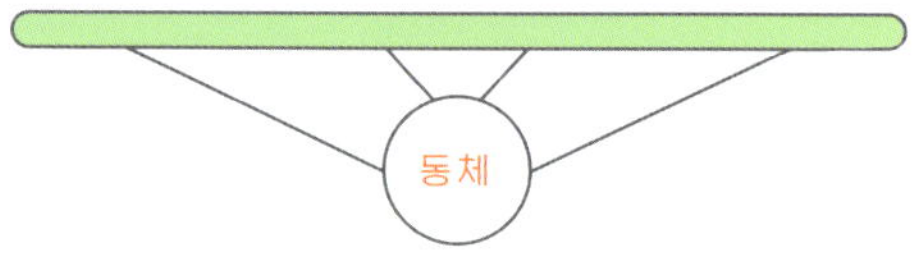
높은 날개(고익) 안토노프 An-225 므리야 ➜ 98쪽을 보세요!	
어깨 날개(견익) 블레리오 XI ➜ 22쪽을 보세요!	
중간 날개(중익) 아브로 랭커스터 ➜ 64쪽을 보세요!	
낮은 날개(저익) 보잉 747 ➜ 51쪽을 보세요!	

3

단엽기

날개가 한 장 달린 비행기를 단엽기라고 한답니다. 제2차 세계 대전부터 엔진 성능과 플랩 같은 고양력 장치의 기술적인 부분이 개선되면서 날개 개수를 줄였어요. 날개가 하나로 줄어들자 속도가 빨라졌습니다.

융커스 Ju 52 여객기

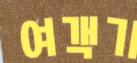 1930

처음에는 엔진 1기로 설계했지만 이후 엔진 3기를 추가했습니다. 크기가 커서 엔진 하나로는 이륙할 때 비행기가 앞으로 나아갈 때 힘이 부족했기 때문입니다.

ⓒ bomberpilot

- 길이 18.9m
- 높이 6.1m
- 너비 29.5m
- 최대 이륙 중량 9,210kg
- 최대 속도 271km/h
- 탑승 인원 17명

(융커스 Ju 52 3mor 기준)

날개 사이에 있는 틈은 무엇인가요?

주날개 끝에 틈이 보이는 이유는 주날개에 '플랩'을 설치하였기 때문입니다. 플랩이 뭐냐고요? 양력을 더 크게 발생시키기는 장치로 요즘에는 비행기가 뜨고 내릴 때 접고 펼 수 있게 만들었어요. 하지만 융커스 Ju 52는 1930년대 만들어진 항공기로 고정된 플랩을 사용했답니다.

민간 여객기와 군용 수송기로 쓰였습니다. 1mce 모델은 비행기 최대 중량이 7톤이고 약 3톤의 짐을 들어 올릴 수 있습니다.

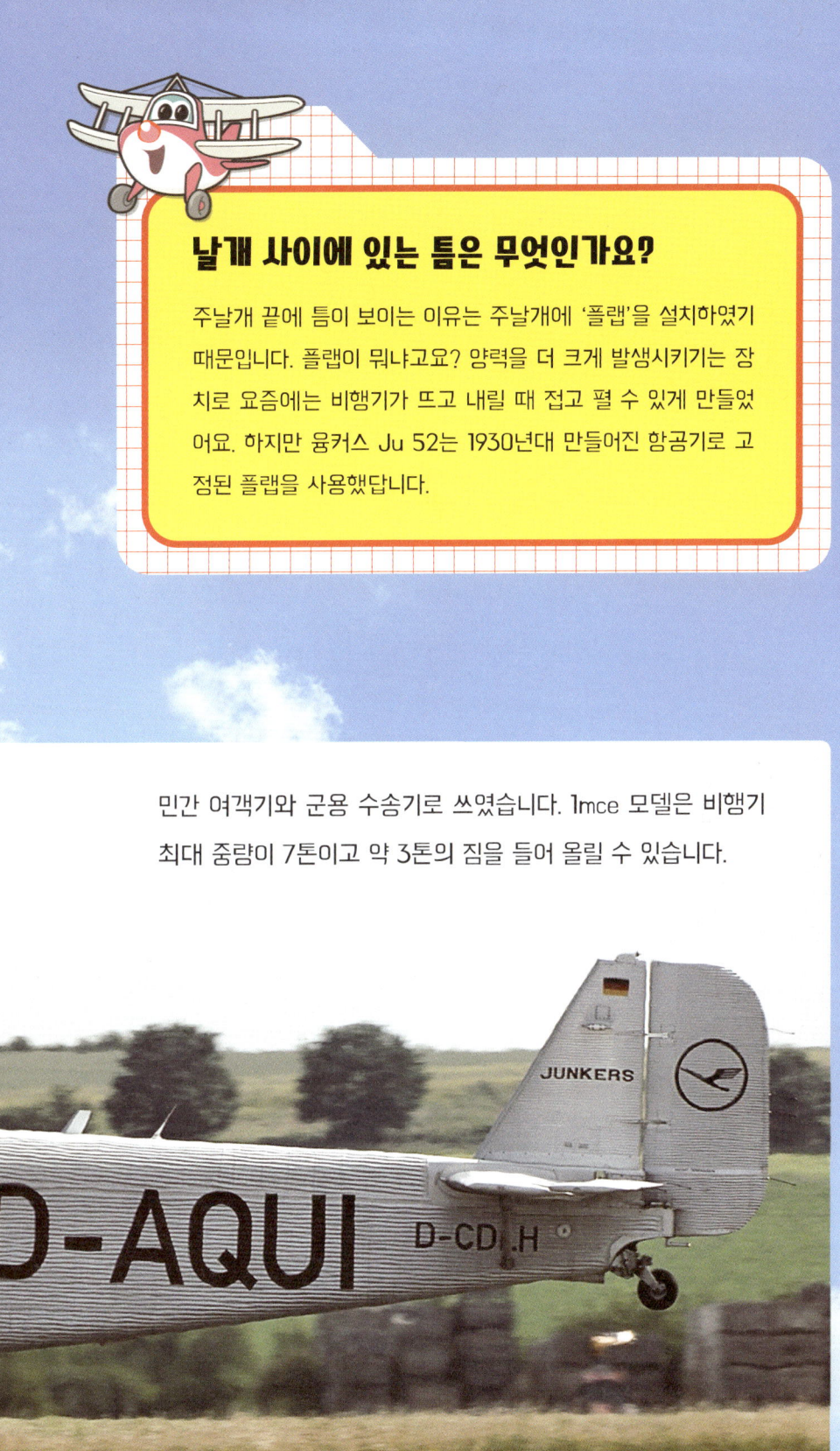

록히드 베가

🇺🇸 **1927**

날개가 조종석보다 위에 있어 고날개 항공기라고 합니다. 6명이 탈 수 있는 여객기이기도 해요.

1932년 5월, 단 한 번도 착륙하지 않고 대서양을 비행하는 데 성공한 최초의 여성 조종사 어밀리아 에어하트도 이 비행기를 탔답니다.

보잉 247

🇺🇸 **1933**

미국 최초의 여객기이자 세계 최초로 엔진을 2기 설치한 항공기입니다. 당시 미국 최고 전투기인 보잉 P-12보다 속도가 빨랐습니다.

안정성을 중요하게 생각해 설계했으며, 항공기 내부에 에어컨을 설치해 객실 온도를 조절할 수 있었지요. 또한, 소음이 적은 방음 객실을 운영해 승객의 편의성을 높였습니다.

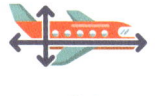 길이 8.4m 높이 2.6m 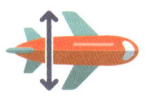 너비 12m  최대 이륙 중량 2,041kg

 길이 15.7m 높이 3.8m 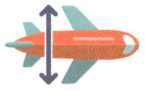 너비 22.6m  최대 이륙 중량 6,190kg

 최대 속도 298km/h  탑승 인원 7명

 최대 속도 320km/h  탑승 인원 13명

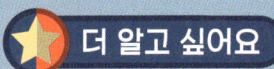 더 알고 싶어요

록히드와 어밀리아 에어하트

어밀리아 에어하트는 대서양을 횡단한 최초의 여성 조종사입니다. 에어하트가 어렸을 때부터 조종사를 꿈꾼 건 아니었어요. 에어하트는 원래 간호사였답니다. 전쟁에서 다친 사람들을 치료하다가 우연히 위문 공연을 온 공군의 곡예비행을 보고 조종사를 꿈꾸었어요. 노란색 복엽기를 구매해 조종사 면허를 취득하고 오래 비행하며 경험을 쌓았습니다.

1927년, 뉴욕에서 파리까지 대서양 단독 비행에 최초로 성공한 찰스 린드버그를 보고 대서양 횡단의 꿈을 키웠어요. 5년 뒤 에어하트는 대서양을 횡단에 도전해 성공했습니다. 여성 최초라는 명성까지 얻습니다. 다만 단독 비행이 아니었기 때문에 몇 년 후 단독 대서양 횡단에 다시 도전해서 14시간이라는 최단 비행 시간을 기록하며 성공합니다.

에어하트의 도전은 그 후로도 계속되었습니다. 에어하트는 마이애미에서 동쪽으로 47,000km에 달하는 세계 일주를 시작합니다. 그런데 세계 일주의 마지막을 앞두고 남태평양 위에서 연료가 부족하다는 조난 신고를 남기고 실종되고 말았습니다. 미국에서 군함과 비행기 등을 동원해 대대적으로 수색했지만, 현재까지도 에어하트와 비행기를 찾지 못했습니다.

에어하트는 항공 분야에서 여성이 다양한 기회를 추구하도록 독려했습니다. 여성 조종사 조직인 '99s'를 만들어 초대 회장으로 활동하고 여성 조종사를 위한 의류 라인을 만들어 선보이기도 했지요. 99s에는 지금도 44개국의 여성 조종사 수천 명이 가입해 활동한답니다.

록히드 엘렉트라(1934)
대서양을 최초로 횡단한 여성 조종사인 어밀리아 에어하트가 실종 당시에 조종했던 항공기

보잉 707

1958

보잉에서 개발한 중·장거리용 4엔진 여객기입니다. 초기에는 전투기에 많이 장착하는 터보 제트 엔진을 달았는데 소음이 엄청나고 연비가 낮다는 단점 때문에 나중에 터보팬 엔진으로 교체했습니다.

훗날 보잉의 대표 비행기인 727과 737을 개발하는 데에 큰 영향을 끼칩니다. 대한항공이 운용한 비행기이기도 해요.

길이 **46.6m**
높이 **11.8m**

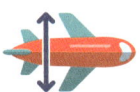
너비
43.4m

최대 이륙 중량
143,335kg

항속 거리
9,110km

탑승 인원
189명

(보잉 707-320 기준)

보잉은 어떤 항공 회사인가요?

보잉은 1916년 7월 15일에 설립한 세계 최대의 항공 우주 회사입니다. 오늘날 우리가 타는 비행기의 대부분은 보잉에서 만든다고 생각해도 좋아요. 보잉의 설립자 윌리엄 보잉은 보트 창고에서 첫 비행기를 만들었습니다. 비행기를 제작했으나 팔 곳이 마땅치 않아서 초기에 어려움을 겪었지요. 그러다 1927년 전쟁이 발발하면서, 비행기를 찾는 곳이 많아졌습니다.

그렇게 발전한 보잉은 항공 우편 사업, 승객 수송 사업을 거쳐 우주 왕복선과 국제 우주 정거장을 운영하는 세계 최대 항공 우주 회사가 되었습니다.

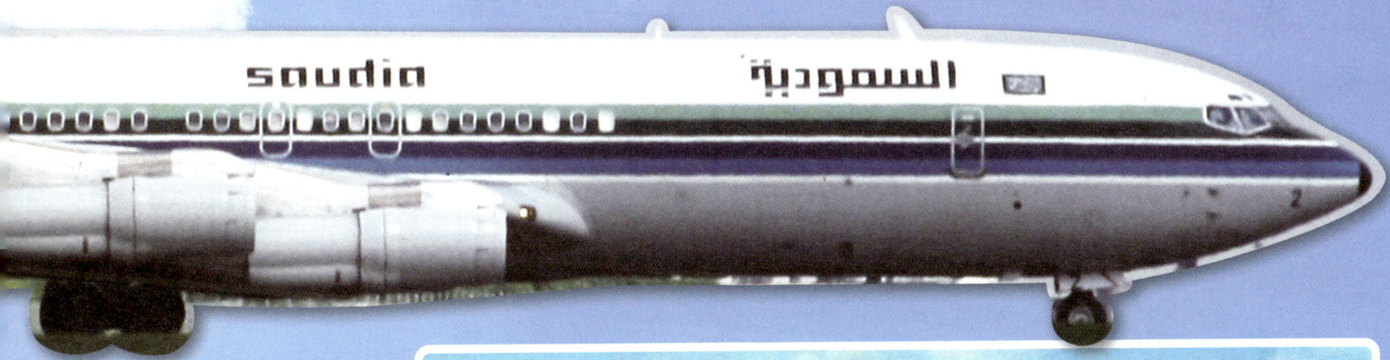

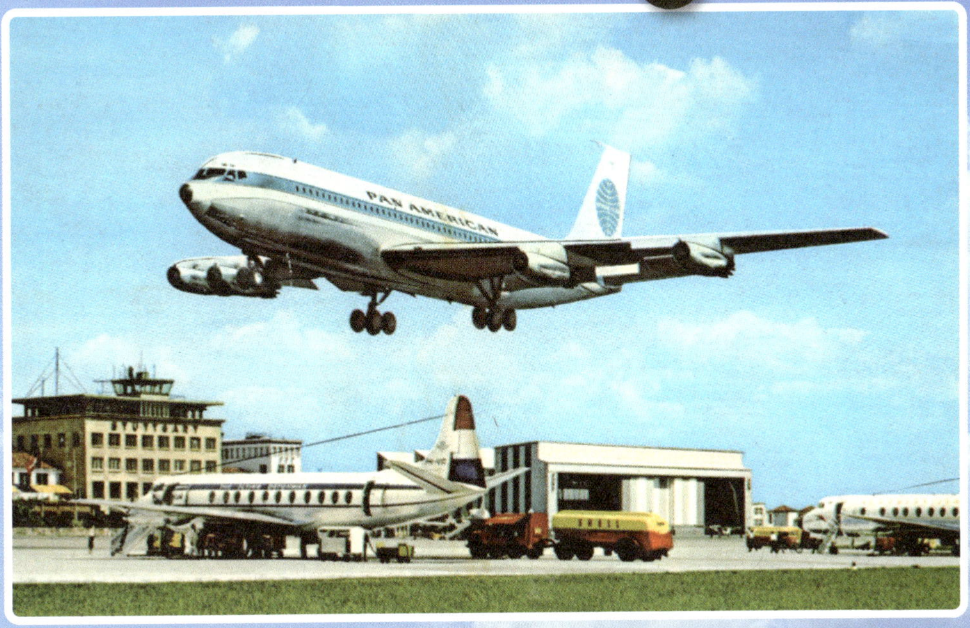

보잉 727

 1964

중·단거리용 여객기입니다. 주날개 전체에 설치한 플랩으로 양력을 키워 작은 공항의 짧은 활주로에도 착륙할 수 있습니다. 대신 날개에 엔진을 장착할 공간이 부족해 엔진이 3기뿐이었습니다.

소음이 매우 크다는 단점이 있었고 연료의 효율성이 떨어졌습니다. 또한, 정비가 어렵다는 문제가 있어서 일찍 생산을 중단했답니다.

보잉 737

 1968

중·단거리용 2엔진 여객기입니다. 지금까지 가장 많이 팔린 제트 여객기입니다. 현재 전 세계 항공사에 인도된 대수만 해도 10,000대가 넘습니다.

꾸준히 생산한 기체로 오리지널, 클래식, 넥스트 제너레이션, 맥스 등 다양한 클래스가 존재합니다. 대한민국에서 아시아나항공, 에어부산, 에어서울을 제외하고 모든 항공사가 운용합니다.

 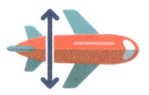

길이 46.7m / 높이 10.4m   너비 32.9m   최대 이륙 중량 83,800kg

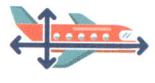 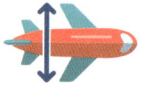 

길이 39.5m / 높이 12.6m   너비 34.3m   최대 이륙 중량 79,002kg

최대 속도 마하 0.9   항속 거리 3,100km   탑승 인원 189명

최대 속도 907km/h   항속 거리 5,765km   탑승 인원 184명

(보잉 727-200 기준)   (보잉 737-800 기준)

보잉 747

 **1970**

장거리용 대형 4엔진 여객기입니다. 대형 여객기의 상징이며 세계 최초로 환태평양, 대서양 횡단, 세계 일주 노선을 운항했습니다.

대한항공과 아시아나항공이 운용합니다. 특히 대한항공의 보잉 747-8i는 전 세계에서 마지막으로 운행한 보잉 747 기종으로 의미가 있습니다. 비행기 앞부분만 2층 구조로 머리가 툭 튀어나온 모습이라 구별하기 쉽습니다.

에어버스 A300

 **1974**

미국에 보잉이 있다면 유럽에는 에어버스가 있습니다. 세계 최초의 중·단거리용 2엔진 여객기입니다. 에어버스 여객기의 첫 모델로 2007년까지 생산되었습니다.

처음으로 유럽에 속하지 않은 나라에서 A300을 사들인 항공사가 바로 대한항공이랍니다. 성공적으로 운용해 다른 국가에서도 인기를 끌었지요. 덕분에 대한항공의 창업주가 프랑스 레지옹 도뇌르 훈장을 받기도 했습니다.

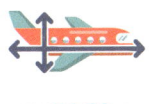 길이 76.30m 높이 19.40m

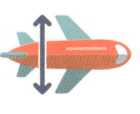 너비 68.40m

 최대 이륙 중량 447,696kg

 길이 54.1m 높이 16.6m

 너비 44.9m

 최대 이륙 중량 171,700kg

 최대 속도 마하 0.91

 항속 거리 15,000km

 최대 좌석 605

 최대 속도 마하 0.86

 항속 거리 7,540km

 탑승 인원 361명

(보잉 747-8i 기준)

(에어버스 A300-600R 기준)

보잉 757

🇺🇸 **1982**

보잉에서 개발한 중·단거리용 2엔진 여객기입니다. 거의 대부분을 미국 항공사에서 운용합니다. 미국 45대 대통령인 도널드 트럼프의 개인 전용기로도 유명하답니다.

우리나라를 포함한 아시아에서 보기 힘든 기종이지만, 미국의 델타항공 터미널에서는 매우 흔하게 볼 수 있답니다. 승객 수송뿐 아니라 화물기로도 쓰입니다.

 길이 54.47m 높이 13.56m
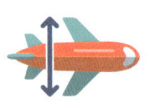 너비 38.05m
 최대 이륙 중량 123,600kg

 최대 속도 마하 0.86
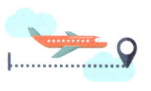 항속 거리 6,287km
 탑승 인원 295명

(보잉 757-300 기준)

에어버스 A310

🇫🇷 **1983**

중·단거리용 2엔진 여객기입니다. A300보다 동체를 짧게 만들어 한 번 실은 연료로 갈 수 있는 거리를 늘렸습니다.

에어버스가 만든 여객기 중에서 A300과 이 기종만 사이드스틱형 조종간이 아닌 자동차 핸들처럼 생긴 요크형 조종간입니다. 사이드스틱형 조종간은 조종사의 왼쪽이나 오른쪽에 있어 계기판을 가리지 않는다는 장점이 있어요.

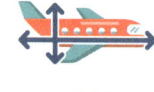 길이 46.7m 높이 15.8m
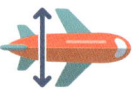 너비 43.9m
 최대 이륙 중량 132,000kg

 최대 속도 마하 0.84
 항속 거리 6,500km
 탑승 인원 237명

(에어버스 A310-200 기준)

보잉 767

🇺🇸 **1985**

보잉 757과 자매기로 꼽는 중·장거리용 2엔진 여객기입니다. 엔진이 3기인 비행기보다 연비가 좋고 같은 연료로 갈 수 있는 거리가 길어 큰 인기를 얻은 기종입니다.

현재 아시아나항공에서 사용하고 있답니다. 내부 좌석 배치가 2-3-2로 어느 자리에 앉아도 이동에 큰 불편함이 없는 것이 장점입니다. 여객용은 단종되었고, 화물용은 아직도 생산하고 있습니다.

에어버스 A320

🇫🇷 **1988**

에어버스 최초의 협동체 여객기입니다. 같은 계열로 A318, A319, A320, A321이 있습니다. 숫자가 낮을수록 동체 길이가 짧은 것이 특징이에요. 아시아나항공, 에어부산, 에어서울이 운용합니다. 날개 끝 '윙렛'은 대한항공에서 제작합니다.

> **윙렛** : 항공기 날개 끝에 살짝 구부러진 부분으로 날개 끝에 발생하는 공기 소용돌이를 줄입니다. 덕분에 항력이 감소하고 경제성은 올라갑니다. 샤크렛이라고 부르기도 합니다.

보잉 767			에어버스 A320		
길이 54.9m 높이 15.9m	너비 47.6m	최대 이륙 중량 158,760kg	길이 37.6m 높이 11.8m	너비 34.1m	최대 이륙 중량 78,000kg
최대 속도 마하 0.86	항속 거리 7,890km	탑승 인원 350명	최대 속도 마하 0.82	항속 거리 6,100km	탑승 인원 180명

(보잉 767-300 기준)　　　　　　　　(에어버스 A320-200 기준)

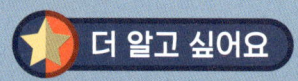 더 알고 싶어요

비행기 안은 어떻게 생겼을까?

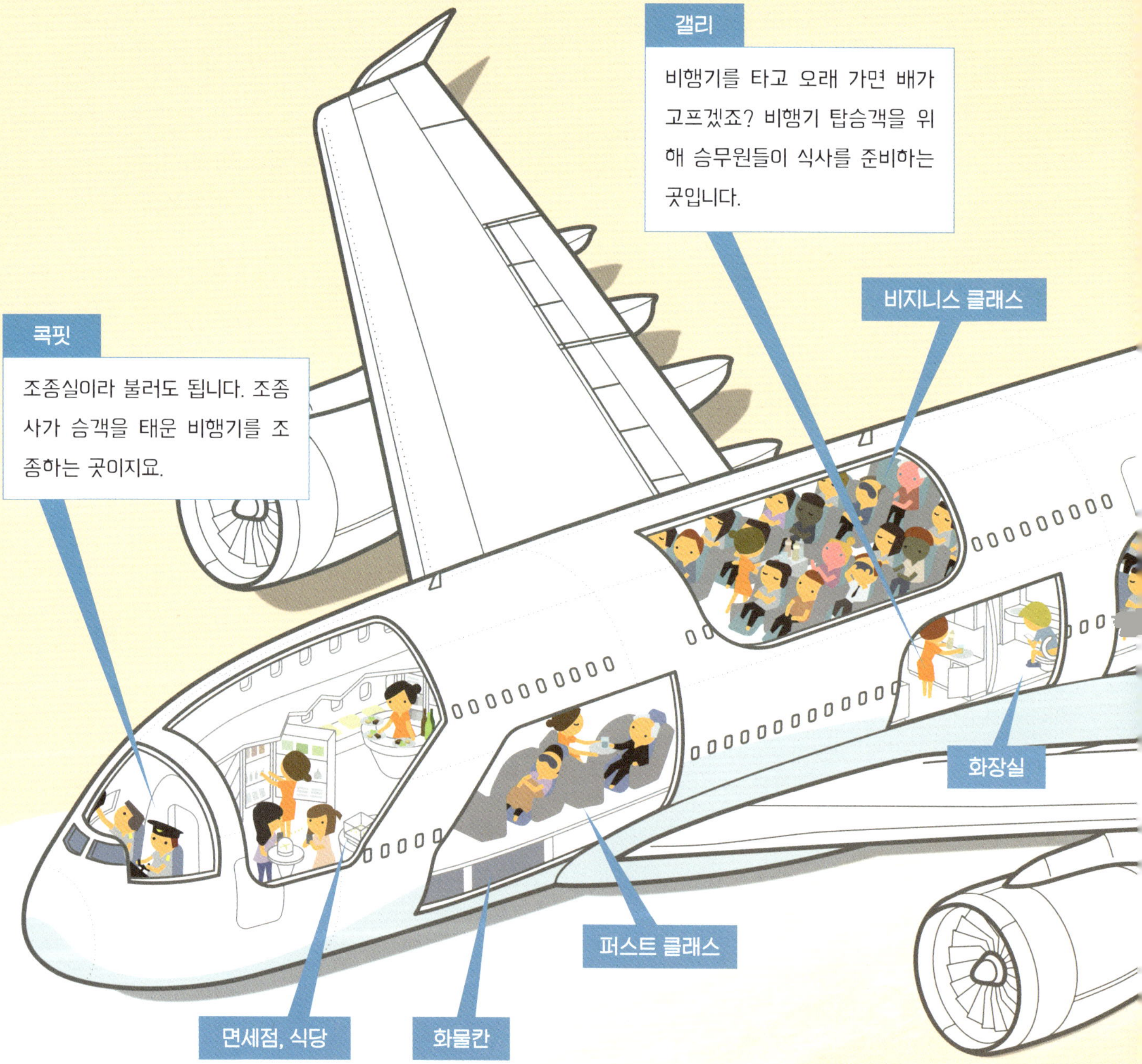

갤리
비행기를 타고 오래 가면 배가 고프겠죠? 비행기 탑승객을 위해 승무원들이 식사를 준비하는 곳입니다.

비지니스 클래스

콕핏
조종실이라 불러도 됩니다. 조종사가 승객을 태운 비행기를 조종하는 곳이지요.

화장실

면세점, 식당

화물칸

퍼스트 클래스

기종
에어버스 A380
→ 57쪽을 보세요!

에어버스 A380의 내부 모습이에요. 항공사마다 배치는 다르지만, 2층으로 구성된 A380은 다양한 공간을 자랑한답니다. 내부에 면세점이나 식당이 따로 있는 비행기도 있어요.

이코노미 클래스

에어버스 A330

 1994

중·장거리용 2엔진 여객기입니다. 연비가 뛰어나고 한 번 실은 연료로 갈 수 있는 거리가 길어 항공사들에게 인기가 많습니다. 특이하게 비행기 좌석 배치를 2-4-2로 두기도 해서 승객 입장에서 편리하게 이용할 수 있습니다.

우리나라의 대한항공과 아시아나항공이 운용합니다. 두 항공사에서만 40대 정도 운용해 인천공항에서 쉽게 볼 수 있습니다.

에어버스 A340

 1993

중·장거리용 4엔진 여객기입니다. 엔진이 4기인데 2층 구조가 아닌 유일한 여객기이므로 쉽게 구별할 수 있어요.

연료 효율이 떨어진다는 단점 때문에 크게 성공하지는 못했습니다. 모두 퇴역 예정이고 다른 비행기가 대체하는 추세여서 직접 보기는 쉽지 않지요. 대한민국 국적사는 단 한 번도 운용하지 않은 기체입니다.

 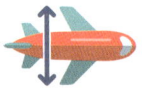

길이 63.7m
높이 16.8m
너비 60.3m
최대 이륙 중량 242,000kg

 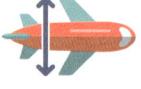 

길이 63.6m
높이 16.9m
너비 60.3m
최대 이륙 중량 276,500kg

최대 속도 마하 0.86
항속 거리 11,760km
탑승 인원 440명

최대 속도 마하 0.86
항속 거리 13,700km
탑승 인원 440명

(에어버스 A330-300 기준)

(에어버스 A340-300 기준)

보잉 777

 1995

중·장거리용 2엔진 여객기입니다. 강력한 엔진, 긴 항속 거리, 뛰어난 연료 효율 덕분에 매우 큰 성공을 거두었습니다.

2엔진 여객기임에도 4엔진 비행기만큼 항속 거리가 길고 수송 능력이 뛰어나 4엔진 비행기의 쇠락에 결정적인 영향을 끼쳤습니다. 대한민국에서 대한항공, 아시아나항공, 진에어가 운용합니다.

에어버스 A380

 2007

장거리용 대형 4엔진 여객기입니다. 국제선 여객기의 상징 같은 존재로 보잉에 B747이 있다면 에어버스에는 이 기종이 있습니다.

'하늘 위 호텔'이라는 별명에 걸맞게 세계에서 가장 큰 여객기입니다. 대한항공과 아시아나항공이 운용합니다. 동체 전체가 2층이고 크기도 매우 커서 한눈에 알아볼 수 있습니다.

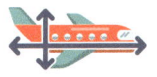 길이 **73.90m** 높이 **18.50m**	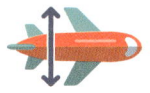 너비 **64.80m**	최대 이륙 중량 **351,500kg**	 길이 **72.7m** 높이 **24.1m**	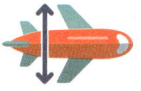 너비 **79.9m**	 최대 이륙 중량 **575,000kg**
 최대 속도 **마하 0.89**	 항속 거리 **14,490km**	 최대 좌석 수 **550**	 최대 속도 **마하 0.89**	 항속 거리 **15,200km**	 탑승 인원 **853명**

(보잉 777-300ER 기준)　　　　　　　　　　　(에어버스 A380-800 기준)

보잉 787

🇺🇸 2011

중·장거리용 2엔진 여객기입니다. 탄소 섬유 강화 플라스틱을 사용해 다른 항공기보다 강도가 강하면서 가볍습니다. 따라서 여러 항공사에게 무척 인기가 많은 기체입니다. 대한항공이 운용하고 있습니다.

조종석 앞 유리인 윈드실드가 특이하게 생겼고 엔진 뒤쪽이 톱니바퀴 모양으로 되어 있어 구별하기가 매우 쉽습니다.

 길이 62.8m 높이 17m
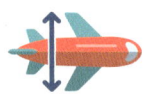 너비 60.1m
 최대 이륙 중량 128,850kg
 최대 속도 마하 0.90
 항속 거리 14,140km
 탑승 인원 420명

(보잉 787-9 기준)

에어버스 A220

🇫🇷 2013

캐나다 항공기 제조사 봄바디어에서 개발한 단거리용 2엔진 여객기입니다. 원래 이름은 CS300이었으나 에어버스에서 인수하면서 이름이 A220으로 바뀝니다.

대한항공이 운용하고 있습니다. 대한민국에서 유일하게 좌석 배치를 2-3으로 하고 있습니다. 대한항공이 보유한 비행기 중에서 가장 좌석이 넓습니다.

 길이 38.7m 높이 11.5m
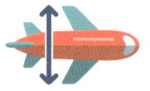 너비 35.1m
 최대 이륙 중량 69,853kg
 최대 속도 마하 0.82
 항속 거리 6,300km
 탑승 인원 135명

(에어버스 A220-300 기준)

에어버스 A350

 2015

에어버스에서 개발한 중·장거리용 2엔진 여객기입니다. 조종석 쪽 유리인 윈드실드가 조로 마스크처럼 생긴 것으로 유명합니다.

아시아나항공에서 운용하고 있어, 우리나라에서도 볼 수 있습니다. 우리나라에서 런던이나 뉴욕 등 수요가 많고 거리가 먼 지역으로 비행하는 데 주로 투입하고 있습니다.

― 조로 마스크

길이 66.9m
높이 17.1m

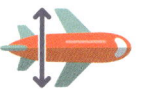
너비
64.8m

최대 이륙 중량
275,000kg

최대 속도
마하 0.89

항속 거리
15,000km

탑승 인원
440명

(에어버스 A350-900 기준)

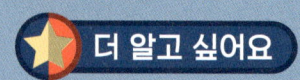 더 알고 싶어요

비행기가 가장 안전한 교통수단이라고?

비행기는 가장 안전한 교통수단입니다. 사고가 한번 발생하면 생존할 확률은 낮지만 사고가 발생하는 통계만 본다면 현저하게 낮습니다. 자동차 사고로 사망할 확률은 112명 중에 1명으로 1%이며 비행기 추락으로 사망할 확률은 8,000명 중의 1명으로 약 0.0125%입니다.

비행기 사고율이 낮은 이유는 이렇습니다. 비행기는 출발 전 문제가 발생하면 일단 수리를 하고 이륙한 상태라도 문제가 발생하면 비행기를 되돌려 정비합니다. 비행기 부품마다 수명이 정해졌기 때문에 일정 시간이 지나면 교체를 합니다. 비행기는 항상 최상의 상태를 유지하고 있지요.

비행기 좌석에서 가장 안전한 좌석은 어디일까?

비행기에 탑승하면 누구나 한 번쯤 생각할 거예요. 비행기가 하늘에서 폭발하거나 강이나 바다에 착륙한다거나 눈 덮인 언덕이나 활주로에 미끄러지듯이 불시착하는 무시무시한 상황들을 떠올리면서 '내가 앉은 자리는 얼마나 안전할까?' '사고가 난다면 어떤 자리가 가장 안전할까?'라고 말이에요. 만약 비행기가 고장나 비상착륙을 한다면 어느 자리가 가장 안전할까요?

2012년에 멕시코 사막에서 보잉 727에 인형과 카메라를 비행기 실내에 설치하고 불시착 충돌 실험을 했습니다. 결과는 조종석과 비행기 머리 부분은 불시

순위	교통수단	사망 인원
1위	오토바이	108.9명
2위	보행	54.2명
3위	자전거	44.6명
4위	자동차	3.1명
5위	배	2.6명
6위	기차	0.6명
7위	버스	0.4명
8위	비행기	0.05명

주요 교통수단별 사망률 순위(10억 km 단위)

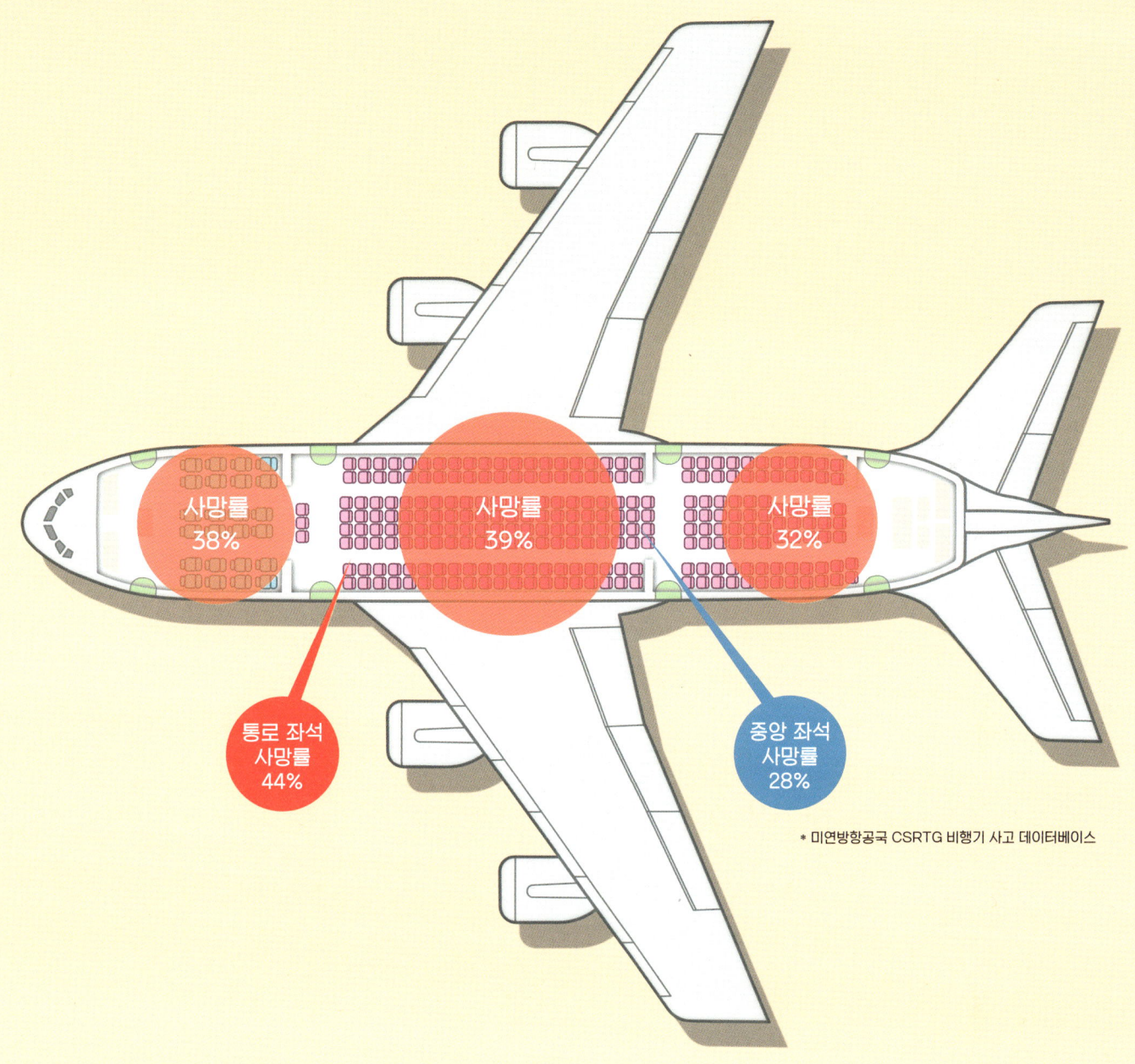

* 미연방항공국 CSRTG 비행기 사고 데이터베이스

착과 동시에 부러져 나뒹굴었으며 비행기 뒤편은 비교적 안정적으로 미끄러지며 파손이 적었습니다. 충돌 실험 결과, 비행기 앞쪽과 중앙 부분의 사망 위험이 높았습니다.

제일 안전한 좌석은 비행기 뒷부분의 중앙 좌석이라는 결과가 나왔습니다. 실제로 세르비아의 승무원 베스나 불로비치는 1972년 1월 26일 JAT 367편 비행기에 탑승했다가 10km 상공에서 폭탄 테러를 당했는데, 비행기에 탑승한 사람 중에 유일하게 생존했습니다. 그는 사고 당시에 비행기 맨 뒤에 있었지요. 게다가 추락 장소에는 눈이 많이 쌓여 있었고, 나무가 우거져서 완충재 역할을 했습니다. 그는 재활치료를 받고 다시금 업무에 복귀하였으며 퇴직 후에 유명인사가 되었습니다. 그리고 1985년 기네스북에 기록되었습니다.

사고 없는 가장 안전한 여행이 바람직하지만 해외여행할 때에 혹시나 하는 불안감이 있다면 뒷좌석에 앉아 보는 건 어떨까요?

군용항공기-전투기

슈퍼마린 스핏파이어

 1938

프로펠러 전투기로 영국인에게 가장 사랑받은 영국 공군의 주력 전투기였습니다. 성능이 우수해 미국에서 사용하기도 했습니다.

제2차 세계대전 당시 연합국 측에서 가장 많이 생산한 기체이기도 합니다. 연합국의 승리에 큰 기여를 했어요.

길이 9.1m
높이 3.9m

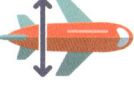
너비
11.2m

최대 이륙 중량
3,039kg

최대 속도
595km/h

탑승
1명

독특한 타원형 모양의 날개로 단면을 아주 얇게 만들어 당시 다른 전투기보다 빠른 속도를 자랑했습니다. 타원형 날개는 비행기를 띄우는 힘을 발생시키는 이상적인 형태입니다.

낮은 속도에서도 비행 안정성이 우수했습니다. 다만 제작이 어려워 생산성이 떨어지는 단점이 있습니다.

모레인-솔니에르 AI

 1917

제1차 세계대전에 프랑스군이 운용한 1인승 전투기로 작은 동체를 가지고 있었어요. 날개가 파라솔처럼 높이 달렸고 뒤를 향했는데 이 덕분에 곡예비행이 가능했습니다.

바퀴가 유달리 큰 이유는 이륙할 때 정비하지 않은 활주로에서 이륙에 필요한 속도를 내고, 착륙 시 충격을 완화하기 위해서입니다. 제1차 세계대전이 지나고 구조적인 결함을 보완해 훈련기로 사용했습니다.

호커 허리케인

 1937

단일 좌석 전투기입니다. 총 15,000대 정도를 생산했습니다. 항공기의 배면에 공기 흡입구가 있고, 기관총은 주날개 앞쪽에 설치했습니다. 주날개가 조종석의 아래에 있어요.

항공기 제조가 쉽고 구성이 간단해 생산 시간이 짧고 노동력이 적게 들었습니다. 덕분에 인기가 많았습니다. 영국에서 높은 승률을 기록한 전투기입니다.

길이 5.6m 너비 최대 이륙 중량
높이 2.4m 8.51m 830kg

 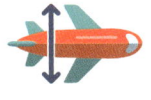 

길이 9.8m 너비 최대 이륙 중량
높이 4.0m 12.2m 3,951kg

최대 속도 상승 한도 탑승
220.6km 7,000m 1명

최대 속도 탑승
547km/h 1명

미쓰비시 A6M5 제로

아브로 랭커스터

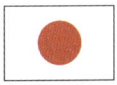 **1940**

 **1942**

일본 해군에서 운용한 장거리 전투기로, 당시 최강의 성능을 뽐냈습니다. 가미카제라 부르는 일본의 자살 특공대용 전투기로 운용했지요.

탁월한 기동성도 자랑해 당시 세계에서 가장 유능한 항공모함 전투기였습니다. 하지만 방어력이 취약하고 속도가 빨라질수록 기동성이 떨어진다는 단점을 보완하지 못하고 퇴출되었습니다.

제2차 세계대전 때 활약한 영국 공군의 폭격기입니다. 당시 가장 많은 폭탄을 싣던 비행기였습니다. 폭탄 10톤을 실을 수 있으며, 수직꼬리날개 2개가 양쪽에 달린 모습이 특징입니다.

수직꼬리날개를 2개 달면 하나가 고장 나도 나머지 하나로 비행 기능을 유지하며 동체 높이를 더욱 낮게 만들 수 있습니다.

길이 9.1m
높이 3.1m

너비
12m

최대 이륙 중량
2,796kg

길이 21.1m
높이 6.3m

너비
31.1m

최대 이륙 중량
30,844kg

최대 속도
533km/h

탑승
1명

최대 속도
454km/h

탑승
7명

메서슈미트 me262

1944

제2차 세계대전 중 독일의 메서슈미트사가 개발한 세계 최초 실용 제트 전투기입니다. 독일 공군의 정예 조종사만 탈 수 있었습니다.

초기 제트 기관은 속도를 낮추면 추진력이 약해지는 게 문제였습니다. 또 갑자기 빠른 속도를 낼 때 연료를 필요 이상으로 많이 연소해 뜨거운 열을 대뿜었습니다. 열이 전투기의 연소실을 녹여 기계 고장이 잦았어요. 착륙이 어려워 적국의 조종사는 착륙할 때를 노려 공격을 했답니다. 하지만 프로펠러기를 퇴역시킬 만한 성능을 자랑한 점은 부정할 수 없습니다.

길이 10.6m 높이 3.8m	너비 12.7m	최대 이륙 중량 6,400kg
최대 속도 870km/h	탑승 1명	

제트 엔진의 원리

엔진은 비행기가 앞으로 나아가는 힘을 발생시키는 동력 장치입니다. 비행기 엔진의 초기 형태는 자동차 엔진과 같은 왕복기관 엔진입니다. 실린더라는 공간에 연료를 공기와 혼합하고 압축해 폭발시키면 피스톤이 움직입니다. 그 힘으로 회전하는 동력을 얻어 프로펠러를 돌려요. 엔진의 힘을 나타내는 단위는 마력입니다. 말 1마리가 낼 힘을 1마력이라 부릅니다.

　라이트 형제의 비행기는 약 2마력의 엔진으로 동력 비행에 성공했습니다. 제2차 세계대전 후반부에 접어들자 터보제트 엔진이 개발되었습니다. 터보제트 엔진은 왕복기관 엔진과는 구조가 전혀 다르며, 공기를 압축하고 연소해 터빈과 노즐로 배출하면서 추력을 얻습니다. 터보제트 엔진의 등장과 함께 비행기의 초음속 시대가 열렸습니다.

ⓒ USAFmuseum

노스럽 N-9M

 1942

전투기 전체가 큰 날개 모양이라 전익기라고 부릅니다. 낮은 고도로 빠르게 비행하는 데 유리합니다. 날개 전체에 연료를 탑재할 수 있어 항속 거리가 길다는 장점도 있어요.

항공기 전체 무게를 줄이려고 뼈대 일부분을 목재로 제작했습니다. 이 비행기를 바탕으로 만든 비행기가 현재 미국 3대 전략 폭격기인 B-2 스피릿 스텔스 폭격기입니다.

글로스터 미티어

 1944

글로스터 에어크래프트가 개발한 연합군의 처음이자 마지막 실용 제트 전투기입니다. 주날개 양쪽에 제트 엔진을 달았습니다.

제트기이지만 속도가 아주 빠르진 않아 지상 공격기로 주로 사용했습니다. 실제 독일군의 제트기와 공중전을 벌일 기회는 없었답니다. 한국 전쟁이 발발했을 때, 최초로 제트 전투기끼리 공중전을 벌였습니다.

 길이 5.4m 높이 2m

 너비 18.3m

 최대 이륙 중량 2,673kg

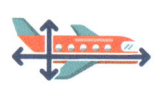 길이 13.59m 높이 3.96m

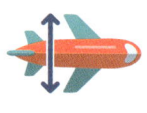 너비 11.33m

 최대 이륙 중량 7,121kg

 최대 속도 667.87km/h

 탑승 1명

 최대 속도 966km/h

 탑승 1명

B-52 스트래토포트리스

 1955

이름에 '성층 요새'라는 뜻을 담았어요. 폭탄이나 미사일 등 다양한 폭발물을 싣고 비행할 수 있도록 만들었습니다.

현재 미군에서 가장 오래 운용한 폭격기로, 제트 엔진을 무려 8기나 장착했습니다. 하지만 그에 비해 속도가 느려요. 대한민국 용산 전쟁기념관에도 전시되어 실물을 구경할 수 있습니다.

F-4 팬텀

 1960

맥도넬 더글라스사가 개발한 2인승 초음속 장거리 전폭기입니다. 가장 성공한 기종이라고 불립니다. 5,000대 넘게 제작했는데 이는 미국과 유럽에서 제작한 초음속 전투기 중에서 최대 생산량입니다.

최대 속도가 마하 2.2인 대형 전투기이면서도 기동성이 좋습니다. 베트남 전쟁과 걸프 전쟁에서 사용했습니다.

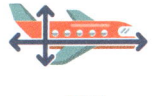 길이 48.5m 높이 12.4m

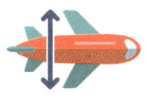 너비 56.4m

 최대 이륙 중량 220,000kg

 길이 19.2m 높이 5m

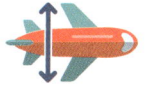 너비 11.7m

 최대 속도 마하 2.2

 최대 속도 마하 0.85

 상승 한도 15,000m

 항속 거리 16,232km

 탑승 5명

 탑승 2명

F-5 프리덤 파이터

 1962

유지 비용이 적게 드는 전투기라는 개념으로 설계되었습니다. 당시 저가 항공기를 제작하는 곳은 드물었지요. 최초의 F-5는 베트남전에서 사용했답니다.

F-15 이글

 1975

맥도넬 더글라스 보잉사에서 개발한 전폭기입니다. 미국과 대한민국을 비롯해 여러 국가의 공군이 운용합니다.

　대한민국 공군에서도 F-15K 슬램 이글이라는 이름으로 59기를 보유했어요. 수직꼬리날개 2개와 커다란 공기 흡입구 2개가 특징으로 이 덕분에 쉽게 겉모습을 구별할 수 있습니다.

 길이 14.45m 높이 4.1m　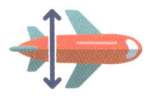 너비 8.1m　 최대 이륙 중량 1,120kg

 길이 19.43m 높이 5.63m　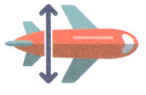 너비 13.05m　 최대 이륙 중량 36,700kg

 최대 속도 1,740km/h　 탑승 1명

 최대 속도 마하 2.5　 상승 한도 18,290m　 항속 거리 5,500km

(F-5E 기준)

A-10a 선더볼트 II

F-117 나이트호크

 1977

 1983

페어차일드사에서 만든 제트 비행기입니다. 가장 낮은 고도로 탱크 같은 지상 목표물에 접근해 공격할 수 있습니다.

　전투기 앞쪽에 그림을 그리는 노즈 아트(nose-art. 72쪽)로도 잘 알려져 있습니다. 적에게 위압감을 주려고 상어 입 모양이나 맹수를 그려 넣었습니다.

기체 전체가 레이더에 잡히지 않는 기술을 적용해 설계하고 개발했습니다. 세계 최초로 실전 배치한 스텔스 공격기입니다.

　미국의 파나마 침공 당시에 처음 투입했으며 걸프 전쟁, 이라크 전쟁 등 미국이 개입한 모든 전쟁에 참여했고 2008년에 퇴역했습니다. 보통 전투기는 전면에 공기 흡입구가 있지만 나이트호크는 은폐 기능을 유지하려고 공기 흡입구를 숨겼습니다.

 길이 16.26m 높이 4.47m　 너비 17.53m　 공허 중량 11,321kg

 최대 속도 706km/h　 항속 거리 4,150km　 탑승 1명

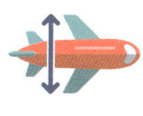 길이 20.1m 높이 3.8m　 너비 13.2m　공허 중량 13,380kg

 최대 속도 993km/h　 항속 거리 720km　 탑승 1명

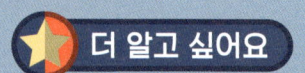 더 알고 싶어요

비행기에 그림을 그린다고?

ⓒ Mike Leaveanworth

비행기 위에 펼쳐지는 예술 '노즈 아트'

노즈 아트는 비행기 동체의 앞부분, 즉 비행기 코 부분에 그림을 그려 넣는 예술 행위를 말합니다.

최초의 노즈 아트는 제1차 세계대전부터 시작되었습니다. 처음에는 적군과 아군을 구별할 수단으로 눈에 띄는 색으로 비행기를 색칠했어요. 제1차 세계대전 당시에는 장식 수준이었다면 제2차 세계대전에는 본격적인 노즈 아트가 등장했습니다.

전쟁터에서 다른 비행기와 공중전을 펼치며 용맹함을 보이거나 적에게 위협감을 주려고 비행기 코 부분에 상어나 맹수의 그림을 그려 넣었습니다. 그러다 점차 군대라는 제약된 환경에서 자신의 개성을 드러내는 식으로 변화했습니다. 전쟁 중에 죽을지도 모른다는 두려움과 스트레스를 표현하는 데 사용했지요.

만화 캐릭터, 부대의 상징물, 사람 모습 등을 그렸답니다. 현대에도 노즈 아트를 그리긴 하지만 부대 상징물 정도를 그리는 수준에 머물고 있습니다.

ⓒ Alan Wilson

ⓒ Alan Wilson

F-16

 1978

현재 생산하는 전투기 중에서 가장 많이 팔리는 기종입니다. 다목적 전투기로 수직날개가 하나고, 동체 아래에 큰 공기 흡입구가 있어 구별하기 매우 쉽습니다.

미국을 포함한 20개국에서 사용해요. 대한민국도 KF-16이라 이름을 붙여 개량형 130대 이상, F-16PBU는 30대 이상 운용합니다. 모양이 매를 닮아 '파이팅 팰콘'이라는 별명이 있답니다.

Su-25 프로그풋

 1981

소련의 수호이 설계국이 개발한 근접항공지원 공격기입니다. 1인승, 쌍발 엔진으로 탈출 좌석을 마련해 조종사의 생존률을 높였어요. 기체 상단에 날개가 장착되어 있습니다.

꼬리날개와 주날개는 일반적인 전투기의 모습을 띠고 있습니다. 북한을 포함한 25여 개국에서 운용했고, 아직까지도 제작되는 장수 기종입니다.

 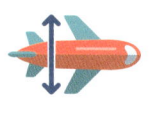   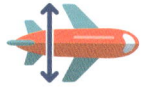 

| 길이 15.06m 높이 4.88m | 너비 9.96m | 최대 이륙 중량 19,200kg | 길이 15.53m 높이 4.80m | 너비 14.36m | 최대 이륙 중량 17,600kg |

| 최대 속도 마하 2.02 | 상승 한도 15,240m | 항속 거리 4,220km | 최대 속도 마하 0.85 | 항속 거리 2,500km 이상 |

F-18

B-1B 랜서

🇺🇸 1984

🇺🇸 1986

낮이든 밤이든 어떤 날씨에도 작전을 수행할 수 있는 전폭기랍니다. 전투기와 공격기의 임무를 모두 수행할 수 있습니다. 민첩하며 전투기 호위, 함대 항공 방어, 항공 차단 등 다양한 목적으로 쓸 수 있습니다.

미국 해군의 비행곡예팀 블루엔젤스에서 사용하는 항공기며, 별명은 호넷입니다. F/A-18E/F부터는 슈퍼호넷이라 부릅니다.

보잉에서 개발한 미 공군 폭격기로 '죽음의 백조'라 부릅니다. 고공에서 마하 1.25, 저공에서 마하 0.92의 빠른 속도로 움직입니다.

목표물을 겨냥하지 않고 일정 지역에 폭탄을 무차별 투하하는 융단 폭격을 수행하는 대형 폭격기입니다. 상황에 따라 날개를 뒤로 접었다 폈다 할 수 있는 가변익을 자랑합니다.

 길이 17.1m 높이 4.7m

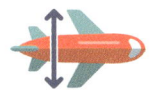 너비 12.3m

 공허 중량 4,347kg

 길이 44.50m 높이 10.40m

 너비 확장 시 41.80m 수납 시 24.1m

 최대 이륙 중량 216,400kg

 최대 속도 1,740km/h

 탑승 2명

 최대 속도 마하 1.25

 상승 한도 18,000m

 항속 거리 9,400km

B-2 스피릿

 1997

스텔스는 무엇인가요?

적군의 열 감지나 적외선 탐지, 육안 탐지까지 모든 탐지 기능에 반응하지 않는 은폐 기술을 말합니다.

비행기에서 전파를 가장 많이 반사하는 공기 흡입구와 엔진 앞부분을 S자로 구부러지게 설계해 기체에 들어온 레이더의 전파를 바깥으로 다시 나가지 못하게 합니다. 또는 전파의 파장보다 더 촘촘한 구멍이 난 철망을 씌워 레이더 전파가 진입하기 어렵게 만듭니다.

노스롭 그루먼사에서 개발한 스텔스 전략 폭격기입니다. 가오리를 닮은 모양에 핵무장이 가능하다는 점이 특징이에요.

특이한 가오리 모양 덕분에 게임과 영화 같은 매체에 자주 등장합니다. 다른 대형 폭격기에 비해 크기가 작지만 핵무장이 가능해 한 번만 출격해도 주변 국가가 긴장한답니다.

길이 21m
높이 5.2m

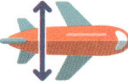
너비
52.4m

최대 이륙 중량
170,600kg

최대 속도
마하 0.95

상승 한도
15,200m

항속 거리
11,000km

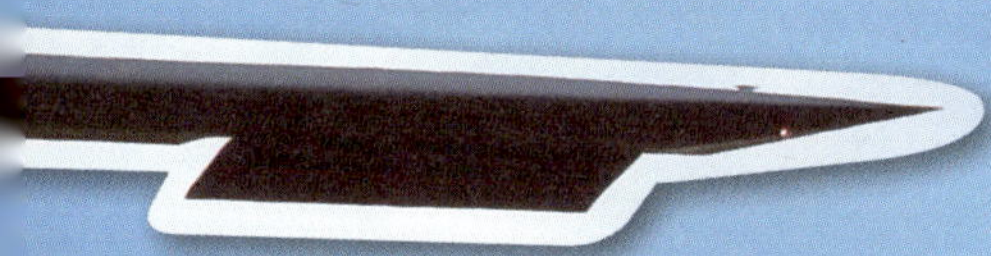

다소 라팔

F-22A 랩터

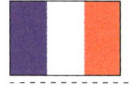 2001

 2005

프랑스 다소 항공이 개발한 다목적 전투기로 쌍발 엔진과 삼각 날개를 달았습니다. 삼각 날개는 초음속 비행기에 자주 사용하는 삼각형 모양의 평면형 날개입니다. 델타익이라고도 부르지요.

현재는 해군에서 주로 사용해 항공모함에 탑재합니다. 엔진 무게가 경쟁기 엔진보다 가볍고 작지만 추력이 부족하고, 엔진 구성품의 수명이 짧다는 단점이 있어 개선 중입니다.

록히드 마틴사와 보잉에서 개발한 세계 최강 스텔스 전투기입니다. 기체와 무기 시스템, 최종 조립은 록히드 마틴사에서 진행하고 날개와 항공 전자 장치는 보잉이 맡고 있습니다.

<아이언맨>이나 <킹스맨> 등 여러 영화에 출연했습니다. 특이한 외관 덕분에 알아보기 쉽습니다. 스텔스 기능이 있어 레이더에 잡히지 않으며 모든 미사일과 무장을 동체 안으로 숨겼습니다.

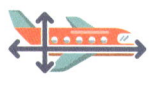
길이 15.27m
높이 5.34m

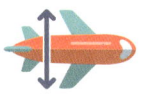
너비
15.27m

공허 중량
9,770kg

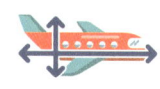
길이 18.9m
높이 5.1m

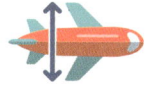
너비
13.7m

최대 이륙 중량
38,000kg

최대 속도
2,130km/h

탑승
2명

최대 속도
마하 2.25

상승 한도
20,000m 이상

항속 거리
3,220km

F-35 라이트닝 II

Su-57 PAK-FA

 2015

 2019

영국과 미국이 함께 설계한 5세대 스텔스 다목적 전투기입니다. 근접항공지원과 전술 폭격 기능을 특히 강조한 비행기입니다. 대한민국 공군에서도 차세대 주력기로 운용할 예정입니다.

    엔진 연소기의 각도를 조절할 수 있어 활주 거리가 짧아도 이착륙이 가능합니다. 이착륙할 때 소음이 심하다는 단점이 있어 비행갑판 요원의 헤드폰을 새로 개발했다고 해요.

러시아가 미국의 F-22에 대항하려고 제작한 5세대 전투기입니다. 수호이, 미그, 야코블레프 설계국이 힘을 합쳐 개발했습니다. 러시아 군의 첫 실용 스텔스기입니다.

    전투기 최초로 특수 레이더 5개를 장착해 더 뛰어난 감각기관을 자랑합니다. 스텔스 기능을 갖추었고, 다른 스텔스 기능을 갖춘 항공기를 찾아내는 능력까지 있습니다.

 길이 10.70m 높이 4.38m

 너비 10.70m

 최대 이륙 중량 31,750kg

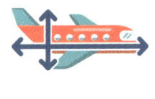 길이 19.8m 높이 4.7m

 너비 14m

 최대 이륙 중량 35,000kg

 최대 속도 마하 1.6

 상승 한도 15,000m 이상

 항속 거리 2,170km 이상

 최대 속도 마하 2

 항속 거리 3,500km

U-2s

군용항공기 - 수송기 / 정찰기

 1952

길이 **19.1m** 높이 **4.8m**	너비 **30.9m**	중량 **6,800kg**
최대 속도 **821km/h**	탑승 **11명**	

U-2s의 조종복

U-2s는 가장 오래 비행하는 고고도 정찰기로 유명합니다. 한 번 비행하면 최대 11시간까지 비행하며 높은 고도에서 비행하는 만큼 충분한 산소를 비행기에 채우고 우주복처럼 생긴 독특한 조종복을 입고 비행합니다. 조종복을 착용하려면 3명이 도와줘야 한다고 해요.

SR-71과 인공위성이 개발되자 점차 퇴역했고, 현재는 나사에서 대기 연구용으로 변형해 사용하고 있습니다.

단발 엔진을 단 고고도 정찰기로 고도 21km에서 정찰 비행을 합니다. 냉전 시대 때 활약했던 정찰기입니다. 미국은 당시 소련의 레이더가 19,800m 이상의 고도에 있는 항공기를 추적할 수 없다는 점을 이용하려고 U-2s를 개발했습니다.

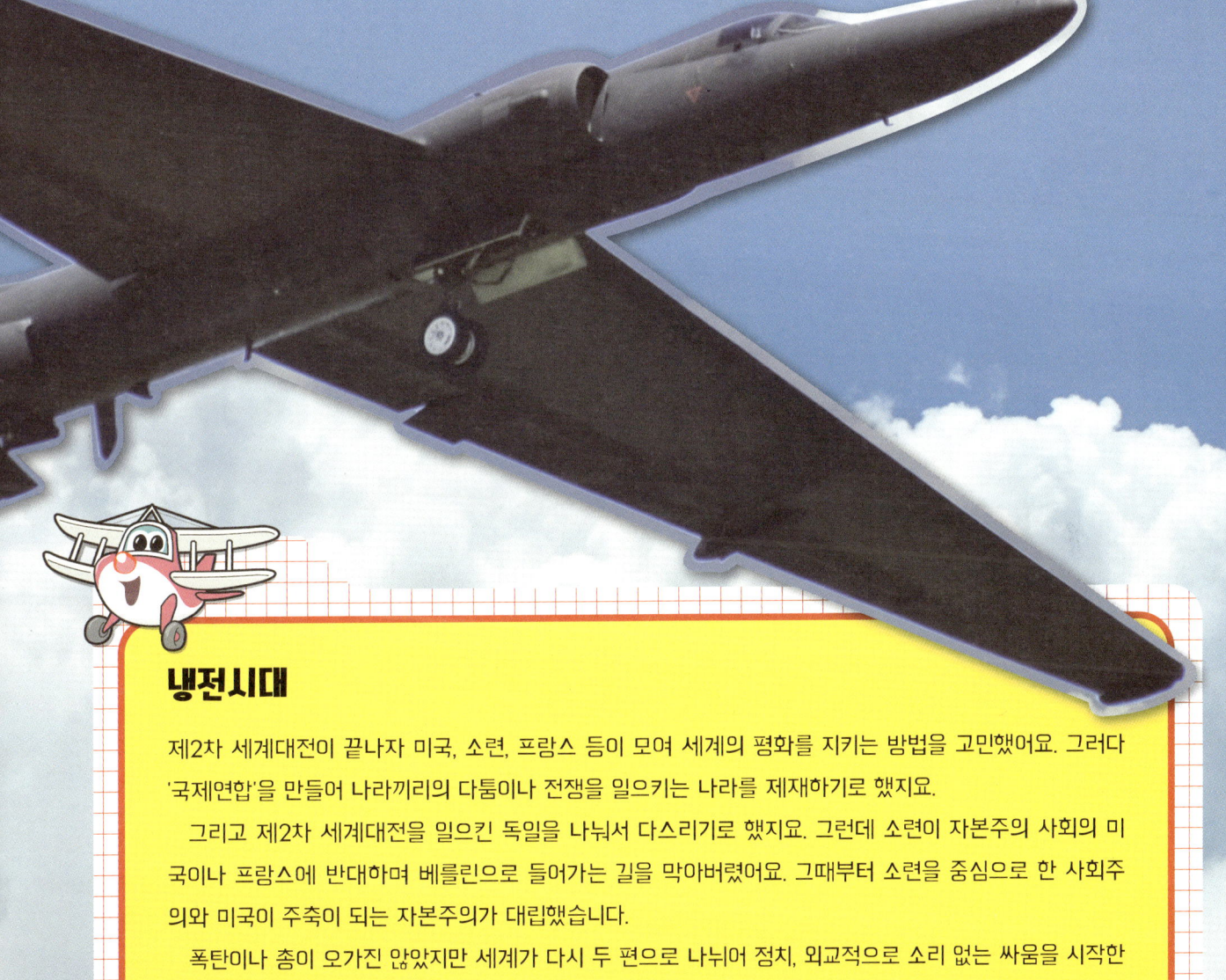

냉전시대

제2차 세계대전이 끝나자 미국, 소련, 프랑스 등이 모여 세계의 평화를 지키는 방법을 고민했어요. 그러다 '국제연합'을 만들어 나라끼리의 다툼이나 전쟁을 일으키는 나라를 제재하기로 했지요.

그리고 제2차 세계대전을 일으킨 독일을 나눠서 다스리기로 했지요. 그런데 소련이 자본주의 사회의 미국이나 프랑스에 반대하며 베를린으로 들어가는 길을 막아버렸어요. 그때부터 소련을 중심으로 한 사회주의와 미국이 주축이 되는 자본주의가 대립했습니다.

폭탄이나 총이 오가진 않았지만 세계가 다시 두 편으로 나뉘어 정치, 외교적으로 소리 없는 싸움을 시작한 거예요.

C-130 허큘리스

 1956

엔진을 4기 단 터보프롭 수송기입니다. 세계 여러 나라에서 운용하고 있지요. 1950년대에 도입해 2000년대까지 50년이 넘게 사용한 수송기입니다. 공중 급유용, 기상 관측용 등 다양하게 개량해서 사용합니다.

비포장 활주로에서도 이착륙이 가능하고 항속 거리는 4,000km에 달합니다. 엔진이 하나 멈추더라도 날 수 있다는 장점이 있습니다.

P-3 오리온

 1962

해군용으로 개발한 잠수함 및 해상 감시 항공기입니다. 100인승 민간용 여객기인 록히드 L-188 엘렉트라를 군용으로 개조했어요.

미국, 일본, 캐나다, 호주 등 다양한 나라에서 사용하고 있습니다. 우리나라에도 10대 넘게 보유하고 있어요. 제트 엔진이 아닌 프로펠러 엔진을 사용합니다. 터보프롭 4기를 사용해 최대 이륙 중량이 무려 약 70톤입니다.

 길이 29.8m 높이 11.6m

 너비 40.4m

 중량 34,400kg

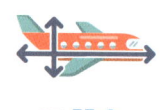 길이 35.6m 높이 10.3m

 너비 30.4m

 중량 63,400kg

 최대 속도 592km/h

 항속 거리 3,800km

 탑승 5명

 최대 속도 750km/h

 탑승 11명

SR-71 블랙버드

 **1966**

록히드 마틴사에서 개발한 전략 정찰기입니다. 총 32대만 생산되었습니다. 세상에서 가장 빠른 유인 항공기로 고도 24,000m에서 마하 3.3으로 운항이 가능하답니다. 미사일도 따라오지 못할 정도로 높은 고도에서 빠른 속도를 낸다는 말이지요.

레이더로 감지할 수 있으나 격추는 불가능하답니다. 공격을 약 4,000번 당했지만 단 한 번도 격추당한 적이 없는 정찰기입니다.

 길이 32.7m 높이 5.6m

 너비 16.9m

 중량 30,617kg

 최대 속도 3,540km/h

 탑승 2명

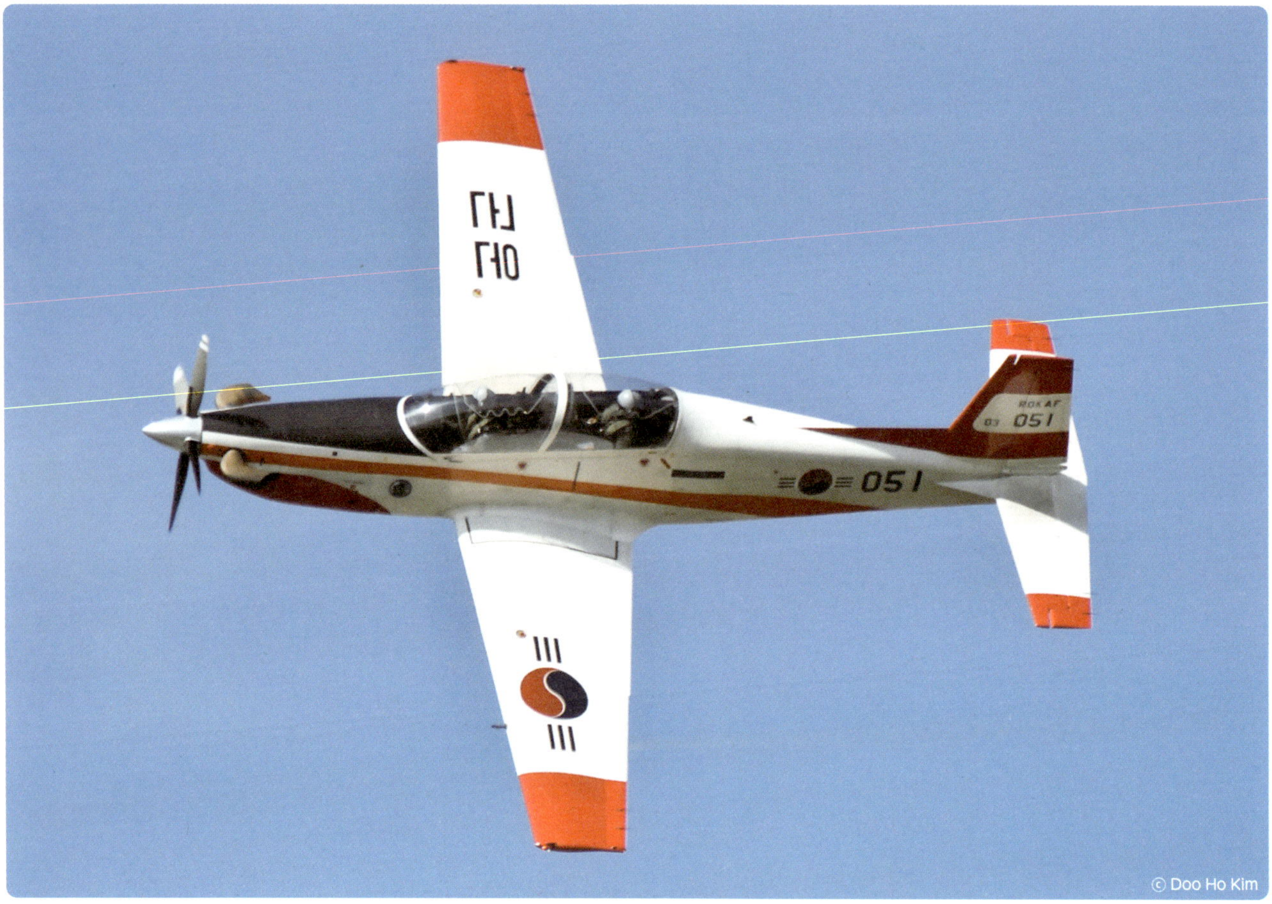

ⓒ Doo Ho Kim

KT-1 웅비

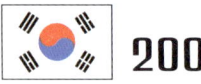

 2001

대한민국 기술로 처음 제작한 군용 항공기입니다. 온전히 컴퓨터 설계만으로 만든 것으로도 유명하지요. 해외 수출을 염두에 두고 미국 항공법을 기준으로 설계해 인도네시아, 터키, 페루 등에 수출하기도 했어요.

전투기 조종사 후보생이 기초 조종술을 익히려고 활용하는 훈련기입니다. 웅비라는 이름은 한자로, 기운차고 용기 있게 활동한다는 뜻을 담았답니다.

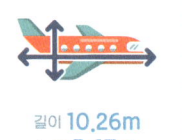

길이 10.26m
높이 3.67m

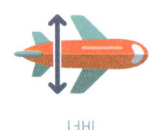

너비
10.60m

최대 이륙 중량
2,495kg

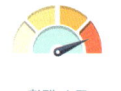

최대 속도
648km/h

탑승
2명

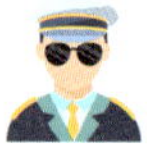

T50 골든이글

 2005

대한민국에서 처음 개발한 초음속 고등 훈련기입니다. 이 비행기로 세계에서 12번째로 초음속 전투기를 개발한 국가가 되었답니다.

민항기나 훈련기와 달리 조종사가 앞뒤로 앉는 탠덤 방식입니다. 전투기는 기동성이 생명인 만큼 공기 저항을 줄이고자 옆이 아닌 앞뒤로 앉는 방식을 택했답니다.

길이 13.1m
높이 4.9m

너비
9.5m

최대 이륙 중량
13,500kg

최대 속도
마하 1.4

탑승
2명

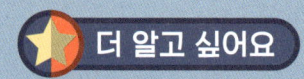 더 알고 싶어요

비행기 이름은 어떻게 지을까?

미국에서 비행기 이름은 비행기 사용 용도에 따라 앞자리에 알파벳이 붙고 뒤에 개발 프로젝트 번호가 차례로 붙습니다. F-16 비행기 다음 프로젝트로 개발된 비행기가 F-18이 되며 숫자가 뒤로 갈수록 최근에 개발한 전투기입니다.

비행기의 기능 또는 사용 목적을 추가할 때 알파벳을 더하기도 합니다. 공중전(Fighter)을 하는 F-18 전투기가 공격(Attacker) 역할까지 한다면 F/A-18 비행기가 됩니다.

러시아 비행기는 개발사 이름 또는 설계자 이름을 붙입니다. 러시아의 유명한 전투기 수호이(Su)-27, 미그(MiG)-29, 폭격기 투폴레프(Tupolev) Tu-160 등은 비행기 제작사의 이름입니다.

F (Fighter) 전투기	**C** (Carrier) 수송기	**A** (Attacker) 공격기	**B** (Bomber) 폭격기
공중전을 할 수 있는 전투기예요. 제2차 세계대전 당시에는 미 공군 창설 전이라서 육군에서 전투기를 운용했습니다. 그래서 그때는 전투기에 추격자(Pursuit)라는 의미의 P를 앞에 붙여서 이름을 만들었습니다.	무거운 짐 또는 전쟁 물자를 운송하는 수송기의 이름은 C로 시작합니다. C-130 허큘리스가 있어요.	지상 시설과 전차를 공격할 수 있는 무장을 장착한 비행기 이름에 A가 붙습니다.	지상에 있는 주요 시설을 폭격하거나 전략 무기를 실은 비행기는 이름이 B로 시작합니다.
V (Vertical) 수직 이착륙기	**O** (Observation) 관측기	**P** (Patrol) 정찰기	**T** (Trainer) 훈련기
수직으로 이착륙하는 비행기에 V가 붙습니다.	포화로 뒤덮인 전장을 관측하는 비행기로 레이더 장비가 장착되어 있어요.	주변 시설물을 정찰하며 유사시 공중 지휘 통제 기능도 합니다.	조종사를 양성하려고 만든 훈련 용도의 비행기로 사용될 때 T가 붙어요.

4

독특한 비행기

앞서 본 비행기와 달리 생긴 비행기도 있어요. 동체가 2개이거나 프로펠러가 앞과 위로 움직이기도 해요. 어떤 모습의 비행기가 있는지 살펴볼까요?

시코르스키 VS-300

1939

이고리 시코르스키가 설계한 최초의 실용 헬리콥터이자 단일 엔진 헬리콥터입니다. 현대 헬리콥터와 비슷한 형태로 엔진 하나에 주 회전날개 하나, 꼬리 프로펠러 하나를 사용했습니다.

길이 8.5m
높이 3m

중량
522kg

최대 속도
80km/h

탑승
2명

토크와 꼬리 회전날개(테일로터)

헬리콥터의 주 회전날개(로터)가 회전하면 회전하는 방향으로 힘이 작용하여 동체도 함께 회전합니다. 이를 토크라고 합니다. 헬리콥터는 이 토크가 움직여 동체가 회전하면 방향을 못 잡습니다. 그래서 꼬리날개에 동체가 회전하지 않도록 도와주는 작은 프로펠러가 있는데 이를 꼬리 회전날개(테일로터)라 합니다.

헬리콥터는 일반 비행기로는 할 수 없는 동작들, 즉 호버링(공중 정지), 전후진 비행, 수직 착륙, 저속 비행 등이 가능합니다.

그라프 체펠린 LZ 127

 1928

여객용 비행선입니다. 내부를 공기보다 가벼운 수소로 채웠고 이 덕분에 얻은 부력으로 상승할 수 있습니다.

비행선 밑에 승객이 탑승 가능한 동체가 있고 동체 뒤에 프로펠러를 달아 추력을 얻었습니다. 꼬리와 수직꼬리날개를 이용해 좌우로 방향 조종을 했습니다. 약 200만 km를 590회 비행했으며 가장 긴 비행선으로 알려져 있습니다.

대서양 횡단이나 세계 일주, 북극 비행 등 의미 있는 비행을 많이 했어요. 1937년 폭발사고 이후로는 승객을 태우는 비행선으로 운용하지 않습니다.

길이
236.6m

최대 이륙 중량
8,000kg

최대 속도
128.2km

항속 거리
10,000km

탑승 인원
36명

카프로니 Ca.60

 1921

카프로니 Ca.60 항공기는 날개가 9장으로 구성되어 있습니다. 거대 비행정으로 무려 100인승입니다. 대서양을 횡단하려고 제작했습니다. 엔진 8기와 3겹으로 된 날개 3장을 장착했습니다.

첫 비행 때 이륙하자마자 수면으로 추락해 파손되었습니다. 항공기를 복구하려 했으나 비용이 과도하게 들어 제작을 포기했답니다.

길이 23.45m
높이 9.2m

너비
30m

중량
14,000kg

최대 속도
130km/h

도르니에 Do-X

1929

당시 가장 크고 무거우며 강한 엔진을 가진 비행정이었습니다.

항공기로 운용하다가 사고가 발생하자 상업적 관심이 떨어졌습니다. 이런 상황에서 기술 발전마저 없어서 운용이 정지되었습니다. 수상 이착륙 비행기로 평소에 동체가 수중에 반쯤 잠긴 형태로 있다가 물 위를 활주로로 활용하여 이륙하고, 물 위로 배처럼 착륙한다는 특징이 있습니다.

© Tom Wigley

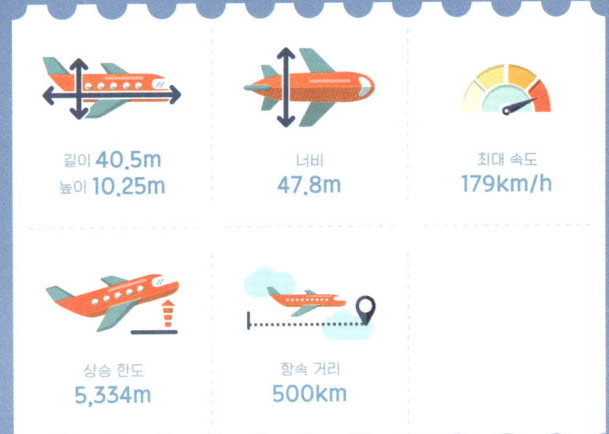

길이 40.5m
높이 10.25m

너비 47.8m

최대 속도 179km/h

상승 한도 5,334m

항속 거리 500km

> 비행기 동체 중앙에 엔진 6기를 등에 업은 모습을 볼 수 있습니다. 육중한 비행기 크기만큼 날개가 크기 때문에 엔진 6기를 날개에 달면 날개에 크게 부담을 줍니다. 그래서 동체 중앙부터 순서대로 무거운 엔진을 장착했습니다. 엔진에는 프로펠러 날을 4개 장착했습니다.

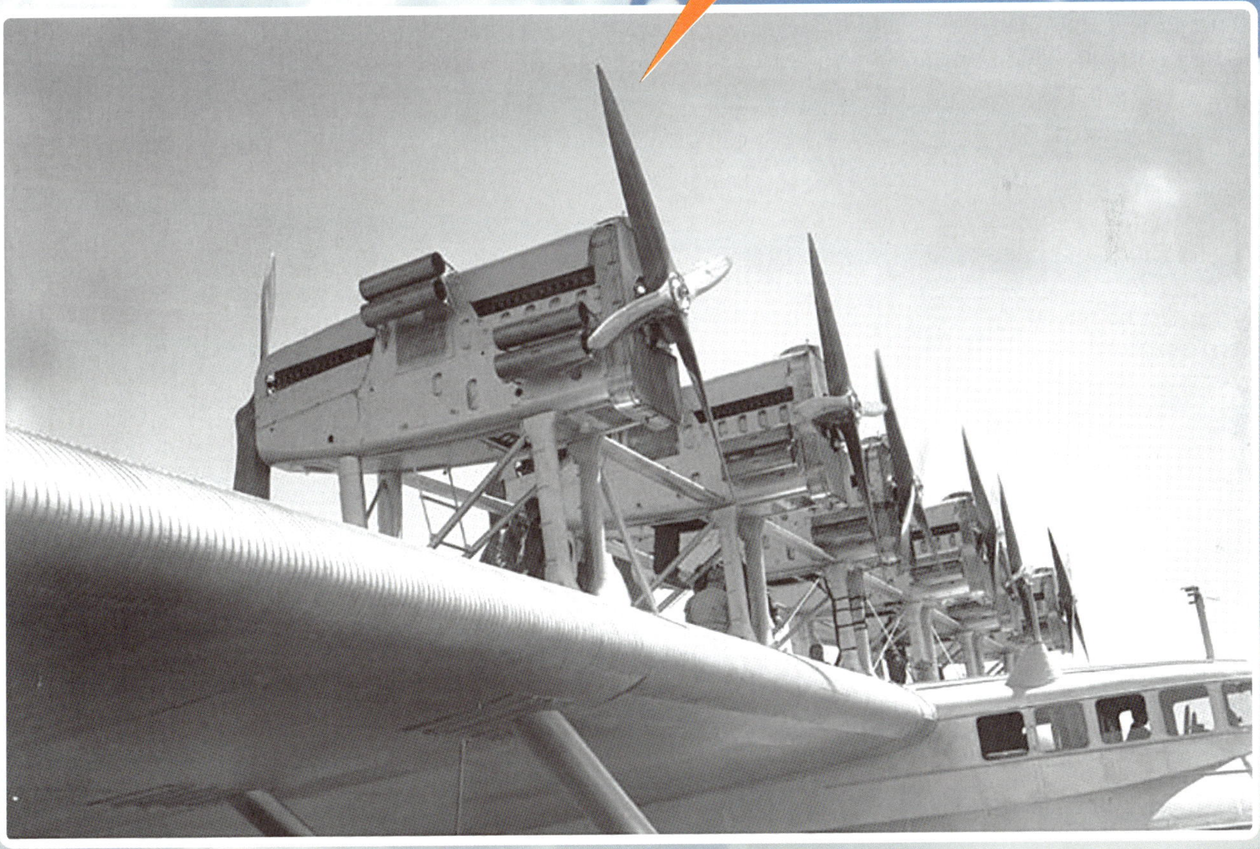

블레리오 125

 1931

쌍둥이 동체를 나란히 연결한 형태로 승객 12명이 탑승할 수 있었습니다. 구조적으로 비행 특성이 매우 열악해 개선하려 몇 년간 노력했지만 결국 실패했고 비행기는 폐기했습니다.

동체 사이에 있는 날개 가운데 부분에 프로펠러를 앞뒤로 설치했고, 수평꼬리날개와 주날개로 동체를 이었습니다.

길이 13.8m
높이 4m

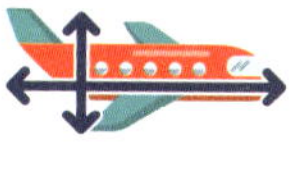

너비
29.4m

중량
4,440kg

최대 속도
220km/h

탑승 인원
15명

드와틴 D.750

 1940

프랑스 해군의 항공모함에서 운용할 다목적 항공기로 개발했습니다. 엔진 2기를 장착했고 조종사, 관측사, 포탄을 투하하는 승무원이 2~3명 탑승했습니다.

어뢰 폭격과 정찰 임무가 목적이었으나 아쉽게도 제2차 세계대전 중에 프랑스가 독일에 항복하면서 운용하지 못했습니다.

길이 10.4m
높이 2.9m

너비 15.9m

중량 2,917kg

최대 속도 357km/h

탑승 2~3명

블랙번 B-88

 1950

해군에서 운용할 목적으로 제작했습니다. 서로 반대로 회전하는 프로펠러를 2겹 장착했어요. 거꾸로 각진 비행기 날개가 특징입니다.

또한 앞바퀴 1개와 뒷바퀴 2개로 착륙할 때 안정적이었습니다. 동체 안에 엔진이 있었으며, 대형 무기도 실었습니다. 승무원 2명이 같은 덮개 안에 들어가는 구조였어요.

길이 13m
높이 5.1m

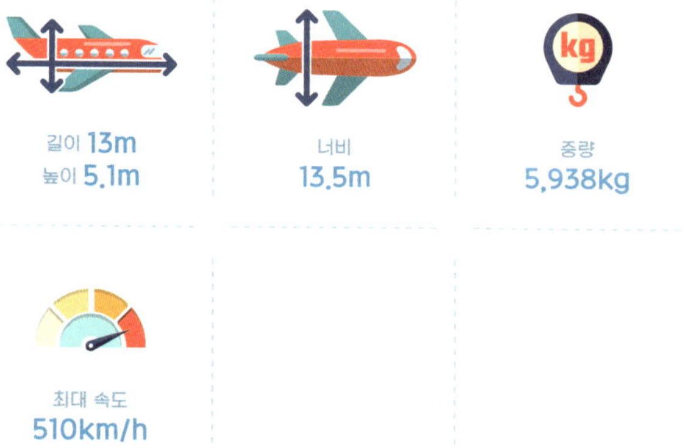

너비
13.5m

중량
5,938kg

최대 속도
510km/h

벨 X-22

 1962

수직 이착륙 항공기 제작으로 유명한 회사 벨에서 미 해군의 요청으로 제작한 항공기입니다. 미 해군은 기체 무게를 가볍게 만들라고 주문했습니다. 수송기로 쓰기에 적합한 안정성과 화물 적재 능력을 갖추려면 당연한 요구였지요.

하지만 정작 작전 수행에 알맞은 속도인 500km/h가 나오지 않아 결국 폐기 처분하고 말았습니다.

길이 12.1m
높이 6.3m

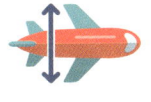

너비
12m

중량
4,753kg

최대 속도
254km/h

탑승
6명

안토노프 An-225 므리야

 **1988**

안토노프 설계국이 만든 비행기입니다. 전 세계에 딱 1대만 제작된 화물 전용기입니다. 현재 실제로 만들어진 모든 비행기 중 가장 큰 비행기이자 가장 무거운 항공기예요.

  엔진을 6기나 갖고 있습니다. 세로로 세운 꼬리날개가 2개라는 특징도 있습니다. 날개가 비행기 몸체의 위쪽에 달려 있는 고익기입니다.

길이 84m
높이 18.10m

너비
88.40m

최대 이륙 중량
640,000kg

최대 속도
850km/h

항속 거리
15,400km 이상

V-22 오스프리

 **2007**

수직 이착륙과 단거리 이착륙을 할 수 있는 항공기입니다. V-22는 헬리콥터처럼 움직이면서도 더 멀리 나갈 수 있고 터보프롭 비행기만큼 빠른 속도를 낼 수 있도록 개발했습니다. 프로펠러는 앞뒤로 회전할 수 있었습니다.

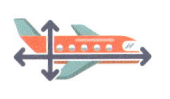
길이 17.5m
높이 5.5m

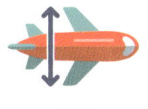
너비
14m

중량
15,032kg

최대 속도
463km/h

항속 거리
3,590km

탑승 인원
28명

스케일드 컴포지트 화이트 나이트 2

🇬🇧 2008

버진그룹 회장 리처드 브랜슨이 민간 우주여행 프로젝트로 개발한 스페이스십2를 상공 80km 높이까지 진입시키려고 만들었습니다.

무게를 분산하고 안정성을 확보하면서 중간에 스페이스십2를 장착하려고 동체 2개와 주날개 한 장을 합쳐 설계했습니다.

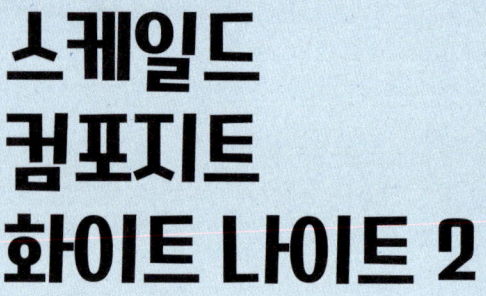

길이	너비	최대 이륙 중량
7.3m	43m	17,000kg

상승 한도	탑승
21km	2명

우주여행에는 발사체(로켓)를 이용해야 하는데 천문학적인 비용이 필요하며 로켓을 재활용하기도 어려워 사실상 개인이 우주여행을 하기란 불가능합니다. 스페이스십2는 비행이 가능한 최대 높이까지 상승해 로켓을 무중력 상태의 열권까지 보내고, 다시 대기권으로 진입하는 방법으로 개인 우주여행을 가능하게 했습니다.

© Jeff Foust

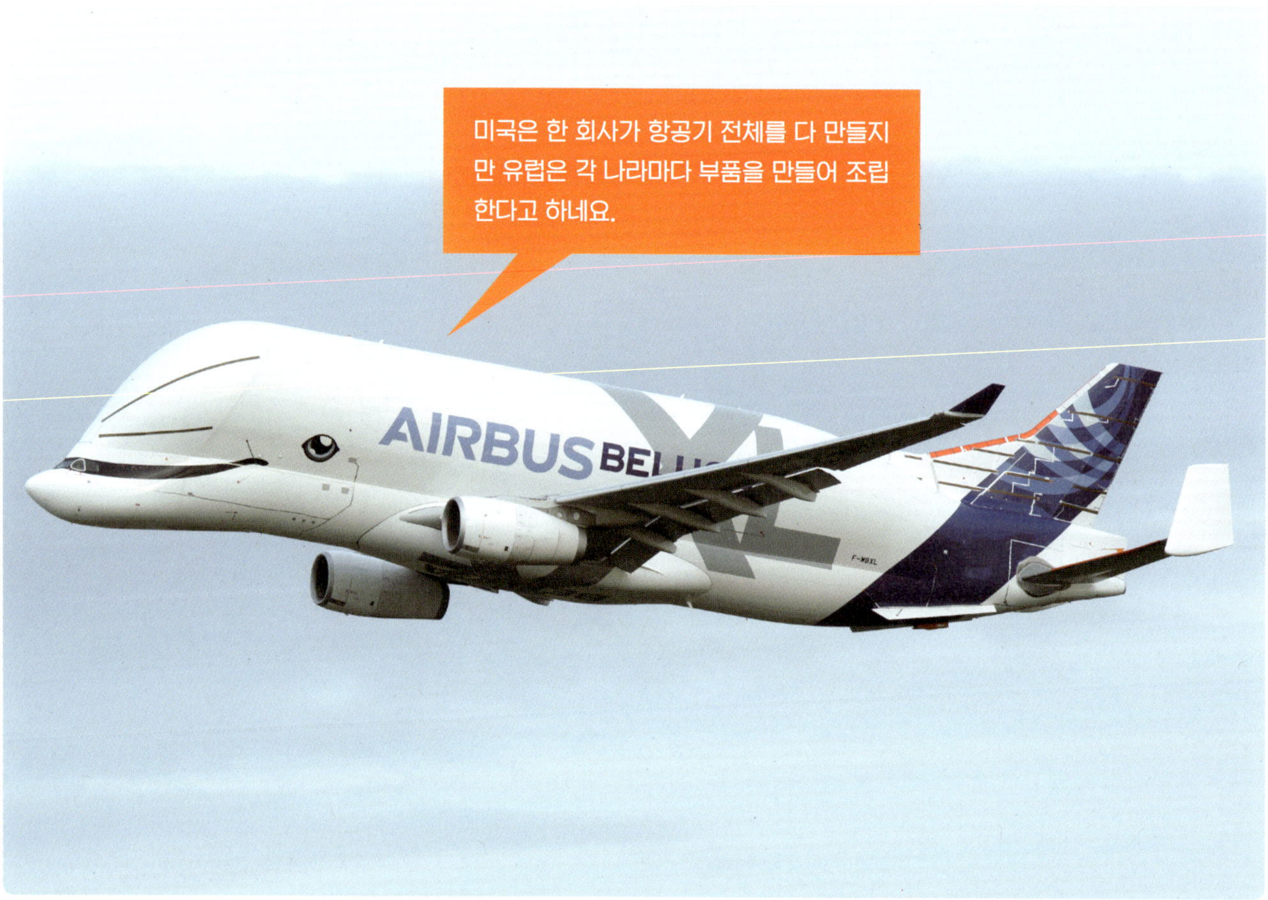

> 미국은 한 회사가 항공기 전체를 다 만들지만 유럽은 각 나라마다 부품을 만들어 조립한다고 하네요.

에어버스 벨루가 XL

 2019

에어버스 벨루가 XL는 에어버스 A330-200을 화물 수송 전용으로 개조한 기종입니다. 2019년에 첫 취항했으며 총 5대를 만들었습니다.

흰돌고래를 닮았다고 하여 '벨루가'라는 애칭으로 불립니다. A300을 기반으로 만든 벨루가보다 화물 공간이 늘어났으며 에어버스 항공기의 부품을 운반하는 데에도 쓰입니다.

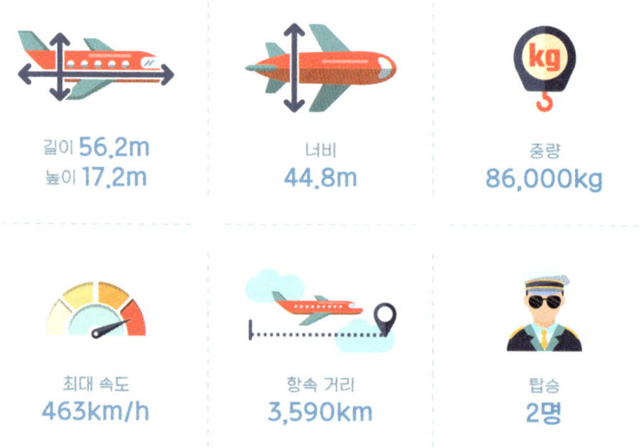

길이 56.2m
높이 17.2m

너비
44.8m

중량
86,000kg

최대 속도
463km/h

항속 거리
3,590km

탑승
2명

SB-1 디파이언트

 2019

유명한 헬리콥터 제작사 시코르스키와 항공기 제작사 보잉이 함께 설계하고 제작한 항공기입니다. 기존의 헬리콥터와 약간 다른 모습을 하고 있습니다.

두 날개가 서로 다른 방향으로 회전하며 방향을 전환하는 '동축반전 로터'가 있고, 테일로터 뒤로 추력이 발생하도록 프로펠러가 설치되어 있습니다. 전투 반경이 넓어져서 성능이 올라갔습니다.

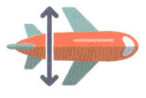

너비
15.2m

최대 이륙 중량
13,600kg

최대 속도
460km/h

탑승 인원
16명

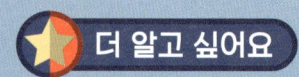 더 알고 싶어요

미래의 비행기는 어떻게 움직일까?

만화나 SF 영화에서 도로를 달리던 자동차가 비상시에 비행기 모양으로 변신하면서 하늘을 나는 모습을 본 경험이 있을 겁니다. 꿈같은 이야기처럼 들릴지 모르지만 하늘을 나는 차, 플라잉카를 현실로 만드는 기업이 있습니다. 2006년, MIT 졸업생 5명이 스타트업 기업 '테라푸지아'를 설립하고 테라푸지아 트랜지션을 개발했습니다.

가솔린을 사용해 110km/h로 비행하며 땅에서는 전기로 이동합니다. 2인까지 탑승이 가능하며 차량에서 비행기로 전환하는 데 1분이 걸린다고 합니다.

초경량 수직 이착륙 블랙플라이는 캐나다 오프너사에서 9년간 개발한 끝에 2018년 7월에 공개되었습니다. 탑승 인원은 1명이며, 130km/h로 비행이 가능합니다. 비행 거리는 약 64km입니다. 원래 1인용 비행 장비를 만드는 게 목적이어서 짧은 거리를 이동하도록 제작했다고 합니다. 리튬 배터리를 이용하기 때문에 친환경적입니다.

바이 에어로스페이스가 개발한 선 플라이어

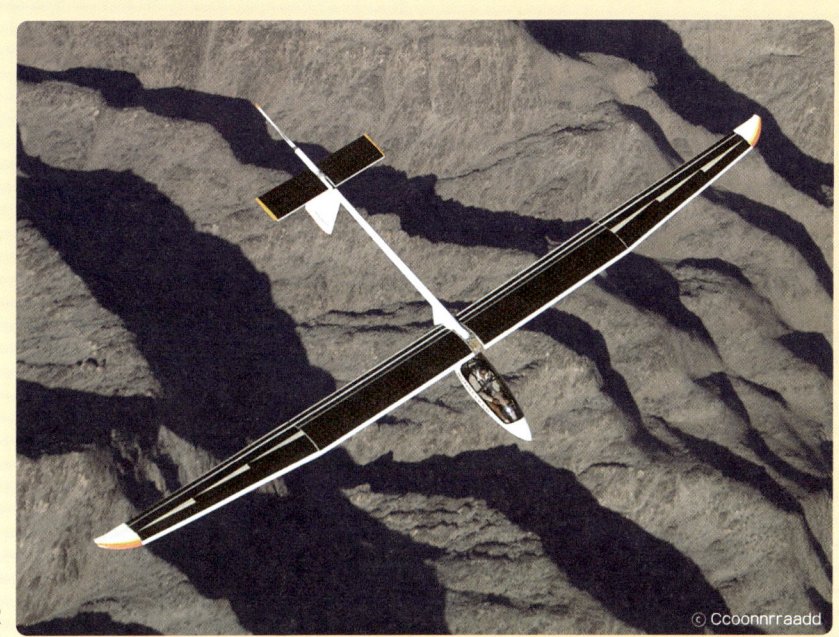
솔라 임펄스2

항공 교통과 환경을 책임질 미래의 비행기

21세기에는 비행기의 접근성이 좋지 않았던 개발도상국의 항공 시설이 꾸준히 증가해 항공 교통 분야가 팽창하였습니다. 비행기가 배출하는 가스가 늘어나자 오존층 파괴와 기후 변화라는 환경 문제도 대두되었지요.

매일 20만여 편의 비행기가 세계의 하늘을 운항하며 매일 배출되는 이산화탄소 가스양도 상당합니다. 그래서 국제민간비행기구(ICAO)에서는 비행기 배출 가스로 인해 가속되는 지구 온난화 현상을 억제하고 개선하기 위해 친환경 식물성 대체 연료를 개발하는 한편, 탄소 배출을 낮추려는 정책적인 노력을 하고 있습니다.

2015년 7월, 태양에너지 비행기(솔라 임펄스)는 일본 나고야에서 하와이 호놀룰루까지 약 7,212km를 비행하는 데 성공했습니다. 낮에는 태양 에너지를 활용하고 저녁에는 배터리를 사용해 비행했습니다. 미국에서 선플라이어 2호는 리튬 배터리를 이용해 3시간 30분 동안 비행할 수 있는 비행기를 개발해 상용화했습니다. 미래의 비행기는 현재보다 친환경적인 에너지를 활용한 비행기가 될 것이고, 이를 이용한 세계 여행도 가능할 것입니다.

국제민간비행기구 홈페이지에서 탄소 배출 계산기를 이용해 승객 1인당 탄소 가스 배출량을 계산할 수 있습니다. 예를 들어 우리가 제주로 여행을 간다고 가정해봅시다. 제주 여행에 가장 많이 운용되는 비행기인 보잉 737에 약 175명의 승객이 탑승해 운항하는 상황을 계산하며, 김포에서 제주까지 451km를 운항하는 동안 사용되는 연료량은 3,717kg이고 배출되는 이산화탄소는 약 8,882kg으로 승객당 50.8kg의 탄소가스를 배출합니다.

국제민간비행기구(ICAO)
유엔 산하의 전문 기구로 국제 항공운항과 운송의 원칙과 기술을 체계화하고 안전에 관한 연구를 합니다. 본부는 캐나다에 있습니다.

도움받은 자료

라이트 형제
스미소니언박물관   https://airandspace.si.edu/exhibitions/wright-brothers/online/

에어로드롬
라이트 브라더스   http://www.wright-brothers.org/

산투스 두몽
국제 항공 연맹   https://www.fai.org/news/

제1차 세계대전 당시 비행기
밀리터리 팩토리   https://www.militaryfactory.com/

어밀리아 에어하트
영국 브리태니커 백과사전   https://www.britannica.com/biography/Amelia-Earhart
99s   https://www.ninety-nines.org/

제2차 세계대전 당시 비행기
내셔널인터레스트   https://nationalinterest.org/

비행기 이름 붙이는 법
히스토리오브워   http://www.historyofwar.org/

가장 안전한 비행기 좌석
비즈니스 인사이더   https://www.businessinsider.com/

탄소 계산
국제민간항공기구   https://www.icao.int/environmental-protection/CarbonOffset/

사진 자료
플리커   https://www.flickr.com/
셔터스톡   https://www.shutterstock.com/ko/home

찾아보기

숫자

14bis 19

A

A-10a 선더볼트 II 71

B

B-1B 랜서 5, 75
B-2 스피릿 68, 76, 77
B-52 스트래토포트리스 69

C

C-130 허큘리스 82

F

F-117 나이트호크 5, 71
F-15 이글 70
F-16 74, 86
F-18 75, 86
F-22A 랩터 5, 78
F-35 라이트닝 II 79
F-4 팬텀 69
F-5 프리덤 파이터 70

K

KT-1 웅비 5, 84

P

P-3 오리온 82

S

SB-1 디파이언트 103
SR-71 블랙버드 83
Su-25 프로그풋 74
Su-57 PAK-FA 79

T

T50 골든이글 85

U

U-2s 80, 81

V

V-22 오스프리 99

ㄱ

그라프 체펠린 LZ 127 90
글로스터 미티어 68

ㄴ

노스럽 N-9M 68
뉴포트 17 4, 31

ㄷ

다소 라팔 78
도르니에 Do-X 92, 93
도움날개 25, 26
드 하빌랜드 DH-60 모스 38
드모아젤 No.19 20
드와틴 D.750 95

ㄹ

라이트 형제 12~16, 18~21, 67
로열 에어크래프트 팩토리 R.E.8 31
로열 에어크래프트 팩토리 S.E.5 36
록히드 베가 46
록히드 엘렉트라 47
롤링 26
루이 블레리오 22, 24

ㅁ

만프레트 폰 리히트호펜 34, 35
메서슈미트 me262 4, 66
모레인-솔니에르 AI 42, 64
미녜 HM.14 39
미쓰비시 A6M5 제로 65

ㅂ

방향키 15, 24~26
벨 X-22 97
보잉 49, 70, 75, 78, 103
보잉 247 4, 46
보잉 707 48
보잉 727 50, 60
보잉 737 5, 50, 105
보잉 747 42, 51
보잉 757 52
보잉 767 53
보잉 777 57
보잉 787 58
브리스톨 F.2B 파이터 32
블랙번 B-88 96
블레리오 125 94
블레리오 XI 22, 42

ㅅ

산투스 두몽 18, 19, 21
삼엽기 33, 35
새뮤얼 랭글리 12, 15
솝위드 베이비 30
솝위드 트라이플레인 33
솝위드 펍 32
수직꼬리날개 25, 40, 64, 70
수평꼬리날개 24, 25, 40, 94
슈퍼마린 스핏파이어 4, 62
스케일드 컴포지트 화이트 나이트 2 100
스포일러 25, 26
승강키 15, 24~26

시코르스키 VS-300 88

ㅇ

아브로 504 28
아브로 랭커스터 42, 65
안토노프 An-225 므리야 42, 98
알바트로스 D-5A 36
어밀리아 에어하트 46, 47
에어로드롬 12, 113
에어버스 A220 58
에어버스 A300 5, 51
에어버스 A310 52
에어버스 A320 53
에어버스 A330 56
에어버스 A340 56
에어버스 A350 59
에어버스 A380 5, 54, 55, 57
에어버스 벨루가 XL 102
요잉 26
윙렛 25, 53
융커스 Ju 52 44, 45

ㅋ

카프로니 Ca.60 91
커티스 JN-4 38
쿠드롱 G.3 30

ㅍ

팔츠 D.3 37
포커 D.7 37
포커 Dr.1 4, 34
폴 코르뉘 16, 17
프로펠러 17, 22, 24, 28, 36, 62, 67, 82, 89, 90, 93, 94, 96, 99, 103
플라이어호 4, 14, 15, 21, 40
플랩 25, 45
피아트 CR.42 4, 39
피칭 26

ㅎ

헬리콥터 16, 17, 88, 89, 103
호커 허리케인 64

도움 주신 분
박세규, 김형진, 장훈

세상이 한눈에 보이는 비행기 관찰 도감

1판 1쇄 펴낸 날 2020년 7월 10일
1판 4쇄 펴낸 날 2025년 6월 20일

지은이 손봉희
그 림 구연산

펴낸이 박윤태
펴낸곳 보누스
등 록 2001년 8월 17일 제313-2002-179호
주 소 서울시 마포구 동교로12안길 31 보누스 4층
전 화 02-333-3114
팩 스 02-3143-3254
이메일 viking@bonusbook.co.kr
블로그 http://blog.naver.com/vikingbook
인스타그램 @viking_kidbooks

ISBN 978-89-6494-450-9   74550

ⓒ 손봉희, 2020
• 이 책은 저작권법에 의해 보호를 받는 저작물이므로 무단전재와 무단복제를 금합니다.
  이 책에 수록된 내용의 전부 또는 일부를 재사용하려면 반드시 지은이와 보누스출판사 양측의 서면동의를 받아야 합니다.

바이킹은 보누스출판사의 어린이책 브랜드입니다.

• 책값은 뒤표지에 있습니다.

바이킹 어린이 도감 시리즈

어린이 비행기 대백과
손봉희 지음 | 구연산 그림

어린이 비행기 조종 대백과
닉 버나드 지음 | 마대우 감수

어린이 비행기 엠블럼 대백과
감 글·그림

어린이 비행기 구조 대백과
이경윤 지음 | 남지우 그림

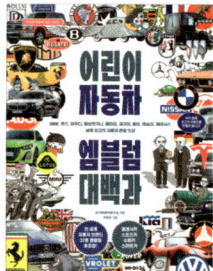
어린이 자동차 엠블럼 대백과
신기한생각연구소 지음

체험하는 바이킹 시리즈

웹툰 캐릭터 그리기 대작전
이지 지음 | 정원 그림

웹툰 스토리 만들기 대작전
이지 지음 | 정원 그림

DK 체스 바이블
클레어 서머스케일 지음 | 이은경 옮김

뚝딱 접어요! 동물농장 종이접기
조 풀먼 지음 | 앤 파쉬에 그림

뚝딱 접어요! 사파리 종이접기
조 풀먼 지음 | 앤 파쉬에 그림

정브르가 알려주는 곤충 체험 백과
정브르 지음

정브르가 알려주는 파충류 체험 백과
정브르 지음

정브르가 알려주는 양서류 체험 백과
정브르 지음

창의력 뿜뿜! 어린이 셰프 요리책
디에나 F. 쿡 지음 | 달달샘 김해진 감수

창의력 뿜뿜! 어린이 파티시에 요리책
디에나 F. 쿡 지음 | 달달샘 김해진 감수

최강 공룡 서바이벌 대백과
고바야시 요시쓰구 감수
이진원 옮김

교과서 잡는 바이킹 시리즈

STEAM 초등 과학 실험 캠프
조건호 지음 | 민재회 그림

초등학생을 위한 과학실험 380
E. 리처드 처칠 외 지음 | 천성훈 감수

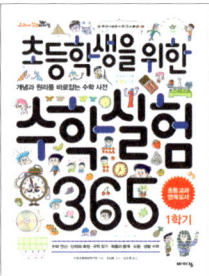
초등학생을 위한 수학실험 365 1학기
수학교육학회연구부 지음 | 천성훈 감수

초등학생을 위한 수학실험 365 2학기
수학교육학회연구부 지음 | 천성훈 감수

초등학생을 위한 요리 과학실험 365
주부와 생활사 지음 | 천성훈 감수

초등학생을 위한 요리 과학실험실
정주현, 달달샘 김해진 감수

초등학생을 위한 개념 과학 150
정윤선 지음 | 정주현 감수

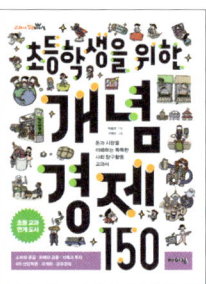
초등학생을 위한 개념 경제 150
박효연 지음 | 구연산 그림

초등학생을 위한 자연과학 365 1학기
자연사학회연합 지음 | 정주현 감수

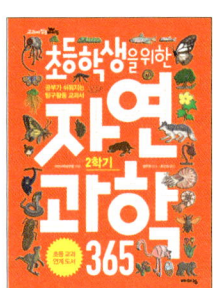
초등학생을 위한 자연과학 365 2학기
자연사학회연합 지음 | 정주현 감수

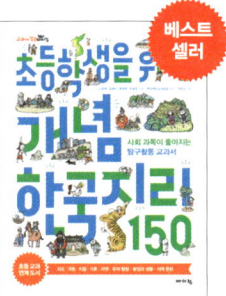
초등학생을 위한 개념 한국지리 150
고은애 외 지음 | 전국지리교사모임 감수

초등학생을 위한 개념 정치 150
박효연 지음 | 구연산 그림

초등학생을 위한 개념 국어: 고사성어
최지희 지음 | 김도연 그림

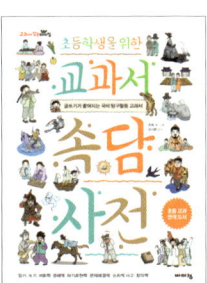
초등학생을 위한 교과서 속담 사전
은옥 글·그림 | 전기현 감수

초등학생을 위한 교과서 명작 읽기
최지희 글 | 윤상은 그림

초등학생을 위한 교과서 고전 읽기
최지희 글 | 윤상은 그림